LA
REINE MARGOT.

LA REINE
MARGOT,

PAR

ALEXANDRE DUMAS.

II.

PARIS.
GARNIER FRÈRES, LIBRAIRES-ÉDITEURS,
PALAIS-ROYAL, GALERIE D'ORLÉANS, 215 *bis*,
ET RUE RICHELIEU, 10.

1845.

LA REINE MARGOT.

CHAPITRE PREMIER.

MORT, MESSE OU BASTILLE.

Marguerite, comme nous l'avons dit, avait refermé sa porte et était rentrée dans sa chambre. Mais comme elle y entrait toute palpitante, elle aperçut Gillonne, qui, penchée avec terreur vers la porte du cabinet, contemplait des traces de sang éparses sur le lit, sur les meubles et sur le tapis.

— Ah, madame! s'écria-t-elle en apercevant la reine. Oh, madame! est-il donc mort?

— Silence, Gillonne! dit Marguerite de ce ton de voix qui indique l'importance suprême de la recommandation.

Gillonne se tut.

Marguerite alors tira de son aumônière une petite clef dorée, ouvrit la porte du cabinet et montra du doigt le jeune homme à sa suivante.

La Mole avait réussi à se soulever et à s'approcher de la fenêtre. Un petit poignard, de ceux que les femmes portaient à cette époque, s'était rencontré sous sa main, et le jeune gentilhomme l'avait saisi en entendant ouvrir la porte.

— Ne craignez rien, monsieur, dit Marguerite, car, sur mon âme! vous êtes en sûreté.

La Mole se laissa retomber sur ses genoux.

— Oh, madame! s'écria-t-il, vous êtes pour moi plus qu'une reine, vous êtes une divinité.

— Ne vous agitez pas ainsi, monsieur, s'écria Marguerite, votre sang coule encore... Oh! regarde, Gillonne, comme il est pâle... Voyons, où êtes-vous blessé?

— Madame, dit La Mole en essayant de fixer sur des points principaux la douleur errante par tout son corps, je crois avoir reçu un premier coup de dague à l'épaule et un second dans la poitrine, les autres blessures ne valent point la peine qu'on s'en occupe.

— Nous allons voir cela, dit Marguerite; Gillonne, apporte ma cassette de baumes.

Gillonne obéit, et rentra tenant d'une main la cassette et de l'autre une aiguière de vermeil et du linge de fine toile de Hollande.

— Aide-moi à le soulever, Gillonne, dit la reine Marguerite, car, en se soulevant lui-même, le malheureux a achevé de perdre ses forces.

— Mais, madame, dit La Mole, je suis tout confus; je ne puis souffrir en vérité...

— Mais, monsieur, vous allez vous laisser faire, que je pense, dit Marguerite; quand nous pouvons vous sauver, ce serait un crime de vous laisser mourir.

— Oh! s'écria La Mole, j'aime mieux mourir que de vous voir, vous, la reine, souiller vos mains d'un sang indigne comme le mien... Oh! jamais! jamais!

Et il se recula respectueusement.

— Votre sang, mon gentilhomme, reprit en souriant Gillonne, eh! vous en avez déjà souillé tout à votre aise le lit et la chambre de Sa Majesté.

Marguerite croisa son manteau sur son peignoir de batiste tout éclaboussé de petites taches vermeilles. Ce geste, plein de pudeur féminine, rappela à La Mole qu'il avait tenu dans ses bras et serré contre sa poitrine cette reine si enviée, si belle, si aimée, et à ce souvenir une rougeur fugitive passa sur ses joues blémies.

— Madame, balbutia-t-il, ne pouvez-vous m'abandonner aux soins d'un chirurgien?

— D'un chirurgien catholique, n'est-ce pas! demanda la reine avec une expression que comprit La Mole, et qui le fit tressaillir.

— Ignorez-vous donc, continua la reine avec une voix et un sourire d'une douceur inouïe, que, nous autres filles de France, nous sommes élevées à connaître la valeur des plantes et à composer des baumes; car notre devoir, comme femmes et comme reines, a été de tout temps d'adoucir les douleurs! Aussi valons-nous les meilleurs chirurgiens du monde, à ce que disent nos flatteurs du moins. Ma réputation, sous ce rapport, n'est-elle pas venue à votre oreille? Allons, Gillonne, à l'ouvrage!

La Mole voulait essayer de résister encore; il répéta de nouveau qu'il aimait mieux mourir que d'occasionner à la reine ce labeur, qui pouvait commencer par la pitié et finir par le dégoût. Cette lutte ne servit qu'à épuiser complétement ses forces. Il chancela, ferma les yeux, et laissa retomber sa tête en arrière, évanoui pour la seconde fois.

Alors Marguerite, saisissant le poignard qu'il avait laissé échapper, coupa rapidement le lacet qui fermait son pourpoint, tandis que Gillonne, avec une autre lame, décousait ou plutôt tranchait les manches de La Mole.

Gillonne, avec un linge imbibé d'eau fraîche, étancha le sang qui s'échappait de l'épaule et de la poitrine du jeune homme, tandis que Marguerite, d'une aiguille d'or à la pointe arrondie, sondait les plaies avec toute la délicatesse et l'habileté que maître Ambroise Paré eût pu déployer en pareille circonstance.

Celle de l'épaule était profonde, celle de la poitrine avait glissé sur les côtes et traversait seulement les chairs; aucune des deux ne pénétrait dans les cavités de cette forteresse naturelle qui protége le cœur et les poumons.

— Plaie douloureuse et non mortelle, *Acerrimum humeri vulnus, non autem lethale*, murmura la belle et savante chirurgienne; passe-moi du baume et prépare de la charpie, Gillonne.

Cependant Gillonne, à qui la reine venait de donner ce nouvel ordre, avait déjà essuyé et parfumé la poitrine du jeune homme et en avait fait autant de ses bras modelés sur un dessin antique, de ses épaules gracieusement rejetées en arrière, de son cou ombragé de boucles épaisses et qui appartenait bien plutôt à une statue de marbre de Paros qu'au corps mutilé d'un homme expirant.

— Pauvre jeune homme! murmura Gillonne en regardant non pas tant son ouvrage que celui qui venait d'en être l'objet.

— N'est-ce pas qu'il est beau? dit Marguerite avec une franchise toute royale.

— Oui, madame. Mais il me semble qu'au lieu de le laisser ainsi couché à terre nous devrions le soulever et l'étendre sur ce lit de repos contre lequel il est seulement appuyé.

— Oui, dit Marguerite, tu as raison.

Et les deux femmes, s'inclinant et réunissant leurs forces, soulevèrent La Mole et le déposèrent sur une espèce de grand sofa à dossier sculpté qui s'étendait devant la fenêtre, qu'elles entr'ouvrirent pour lui donner de l'air.

Le mouvement réveilla La Mole, qui poussa un soupir et, rouvrant les yeux, commença d'éprouver cet incroyable bien-être qui accompagne toutes les sensations du blessé, alors qu'à son retour à la vie il retrouve la fraîcheur au lieu des flammes dévorantes, et les parfums du baume au lieu de la tiède et nauséabonde odeur du sang.

Il murmura quelques mots sans suite, auxquels Marguerite répondit par un sourire en posant le doigt sur sa bouche.

En ce moment le bruit de plusieurs coups frappés à une porte retentit.

— On heurte au passage secret, dit Marguerite.

— Qui donc peut venir, madame? demanda Gillonne effrayée.

— Je vais voir, dit Marguerite. Toi,

reste auprès de lui et ne le quitte pas d'un seul instant.

Marguerite rentra dans sa chambre, et, fermant la porte du cabinet, alla ouvrir celle du passage qui donnait chez le roi et chez la reine-mère.

— Madame de Sauve! s'écria-t-elle en reculant vivement et avec une expression qui ressemblait, sinon à la terreur, du moins à la haine, tant il est vrai qu'une femme ne pardonne jamais à une autre femme de lui enlever même un homme qu'elle n'aime pas. Madame de Sauve!

— Oui, Votre Majesté! dit celle-ci en joignant les mains.

— Ici! vous ; madame ! continua Marguerite de plus en plus étonnée, mais aussi de plus en plus impérative.

Charlotte tomba à genoux.

— Madame, dit-elle, pardonnez-moi, je reconnais à quel point je suis coupable envers vous; mais, si vous saviez! la faute n'est pas tout entière à moi, et un ordre exprès de la reine-mère...

— Relevez-vous, dit Marguerite, et, comme je ne pense pas que vous soyez venue dans l'espérance de vous justifier vis-à-vis de moi, dites-moi pourquoi vous êtes venue?

— Je suis venue, madame, dit Charlotte toujours à genoux et avec un regard presque égaré, je suis venue pour vous demander s'il n'était pas ici?

— Ici, qui? de qui parlez-vous, madame?... car, en vérité, je ne comprends pas?

— Du roi !

— Du roi ! Vous le poursuivez jusque chez moi ! Vous savez bien qu'il n'y vient pas, cependant !

—Ah, madame ! continua la baronne de Sauve sans répondre à toutes ces attaques et sans même paraître les sentir ; ah ! plût à Dieu qu'il y fût !

— Et pourquoi cela ?

— Eh, mon Dieu ! madame, parce qu'on égorge les huguenots, et que le roi de Navarre est le chef des huguenots.

— Oh ! s'écria Marguerite en saisissant madame de Sauve par la main et en la forçant de se relever, oh ! je l'avais oublié ! D'ailleurs , je n'avais pas cru qu'un roi pût courir les mêmes dangers que les autres hommes.

— Plus, madame, mille fois plus, s'écria Charlotte.

— En effet, madame de Lorraine m'avait prévenue. Je lui avais dit de ne pas sortir. Serait-il sorti ?

— Non, non, il est dans le Louvre. Il ne se retrouve pas. Et s'il n'est pas ici...

— Il n'y est pas.

— Oh ! s'écria madame de Sauve avec une explosion de douleur ; c'en est fait de lui, car la reine-mère a juré sa mort.

— Sa mort ! Ah ! dit Marguerite, vous m'épouvantez. Impossible !

— Madame, reprit madame de Sauve avec cette énergie que donne seule la passion, je vous dis qu'on ne sait pas où est le roi de Navarre.

— Et la reine-mère, où est-elle ?

— La reine-mère m'a envoyé chercher M. de Guise et M. de Tavannes, qui étaient dans son oratoire, puis elle m'a congédiée. Alors, pardonnez-moi, madame! je suis remontée chez moi, et comme d'habitude j'ai attendu.

— Mon mari, n'est-ce pas? dit Marguerite.

— Il n'est pas venu, madame. Alors, je l'ai cherché de tous côtés ; je l'ai demandé à tout le monde. Un seul soldat m'a répondu qu'il croyait l'avoir aperçu au milieu de gardes qui l'accompagnaient l'épée nue quelque temps avant que le massacre commençât, et le massacre est commencé depuis une heure.

— Merci, madame! dit Marguerite ; et quoique peut-être le sentiment qui vous fait agir soit une nouvelle offense pour moi, merci !

— Oh, alors, pardonnez-moi, madame ! dit-elle, et je rentrerai chez moi plus forte de votre pardon ; car je n'ose vous suivre, même de loin.

Marguerite lui tendit la main.

— Je vais trouver la reine Catherine, dit-elle ; rentrez chez vous. Le roi de Navarre est sous ma sauvegarde, je lui ai promis alliance et je serai fidèle à ma promesse.

— Mais si vous ne pouvez pénétrer jusqu'à la reine-mère, madame ?

— Alors je me tournerai du côté de mon frère Charles, et il faudra bien que je lui parle.

— Allez, allez, madame, dit Charlotte en laissant le passage libre à Marguerite; et que Dieu conduise Votre Majesté!

Marguerite s'élança par le couloir. Mais arrivée à l'extrémité, elle se retourna pour s'assurer que madame de Sauve ne demeurait pas en arrière. Madame de Sauve la suivait.

La reine de Navarre lui vit prendre l'escalier qui conduisait à son appartement, et poursuivit son chemin vers la chambre de la reine.

Tout était changé; au lieu de cette foule de courtisans empressés, qui d'ordinaire ouvrait ses rangs devant la reine en la saluant respectueusement, Marguerite ne rencontrait que des gardes avec des pertui-

sanes rougies et des vêtements souillés de
sang, où des gentilshommes aux manteaux
déchirés, à la figure noircie par la poudre,
porteurs d'ordres et de dépêches, les uns
entrant et les autres sortant : toutes ces allées et venues faisaient un fourmillement
terrible et immense dans les galeries.

Marguerite n'en continua pas moins
d'aller en avant et parvint jusqu'à l'antichambre de la reine-mère. Mais cette antichambre était gardée par deux haies de
soldats qui ne laissaient pénétrer que ceux
qui étaient porteurs d'un certain mot d'ordre. Marguerite essaya vainement de franchir cette barrière vivante. Elle vit plusieurs fois s'ouvrir et se fermer la porte, et
à chaque fois, par l'entre-bâillement, elle
aperçut Catherine rajeunie par l'action, ac-

tive comme si elle n'avait que vingt ans, écrivant, recevant des lettres, les décachetant, donnant des ordres, adressant à ceux-ci un mot, à ceux-là un sourire, et ceux auxquels elle souriait plus amicalement étaient ceux qui étaient plus couverts de poussière et de sang.

Au milieu de ce grand tumulte qui bruissait dans le Louvre, qu'il emplissait d'effrayantes rumeurs, on entendait éclater les arquebusades de la rue de plus en plus répétées.

— Jamais je n'arriverai jusqu'à elle, se dit Marguerite après avoir fait près des hallebardiers trois tentatives inutiles. Plutôt que de perdre mon temps ici, allons donc trouver mon frère.

En ce moment passa M. de Guise; il venait d'annoncer à la reine la mort de l'amiral et retournait à la boucherie.

— Oh, Henri! s'écria Marguerite, où est le roi de Navarre?

Le duc la regarda avec un sourire étonné, s'inclina et, sans répondre, sortit avec ses gardes.

Marguerite courut à un capitaine qui allait sortir du Louvre et qui, avant de partir, faisait charger les arquebuses de ses soldats.

— Le roi de Navarre, demanda-t-elle monsieur, où est le roi de Navarre?

—Je ne sais, madame, répondit celui-ci, je ne suis point des gardes de Sa Majesté.

— Ah, mon cher René! s'écria Marguerite en reconnaissant le parfumeur de Catherine.... c'est vous.... vous sortez de chez ma mère... savez-vous ce qu'est devenu mon mari?

— Sa Majesté le roi de Navarre n'est point mon ami, madame... vous devez vous en souvenir. On dit même, ajouta-t-il avec une contraction qui ressemblait plus à un grincement qu'à un sourire, on dit même qu'il ose m'accuser d'avoir, de complicité avec madame Catherine, empoisonné sa mère.

— Non! non! s'écria Marguerite; ne croyez pas cela, mon bon René!

— Oh, peu m'importe, madame! dit le parfumeur, ni le roi de Navarre ni les siens ne sont plus guère à craindre en ce moment.

Et il tourna le dos à Marguerite.

— Oh, monsieur de Tavannes, monsieur de Tavannes, s'écria Marguerite, un mot, un seul, je vous prie!

Tavannes, qui passait, s'arrêta.

— Où est Henri de Navarre? demanda Marguerite.

— Ma foi! dit-il tout haut, je crois qu'il court la ville avec MM. d'Alençon et de Condé.

Puis, si bas que Marguerite seule put l'entendre :

— Belle Majesté, dit-il, si vous voulez voir celui pour être à la place duquel je donnerais ma vie, allez frapper au cabinet des Armes du roi.

— Oh, merci, Tavannes! dit Marguerite, qui de tout ce que lui avait dit Tavannes n'avait entendu que l'indication principale; merci! j'y vais.

Et elle reprit sa course tout en murmurant :

— Oh, après ce que je lui ai promis, après la façon dont il s'est conduit envers moi quand cet ingrat Henri était caché dans le cabinet, je ne puis le laisser périr !

Et elle vint heurter à la porte des appartements du roi; mais ils étaient ceints intérieurement par deux compagnies des gardes.

— On n'entre point chez le roi! dit l'officier en s'avançant vivement.

— Mais moi! dit Marguerite.

— L'ordre est général.

— Moi, la reine de Navarre; moi, sa sœur!

— Ma consigne n'admet point d'exception, madame; recevez donc mes excuses.

Et l'officier referma la porte.

— Oh, il est perdu! s'écria Marguerite alarmée par la vue de toutes ces figures sinistres, qui, lorsqu'elles ne respiraient pas la vengeance, exprimaient l'inflexibilité. — Oui, oui, je comprends tout... on s'est servi de moi comme d'un appât... je suis le piége où l'on prend et égorge les huguenots... Oh, j'entrerai, dussé-je me faire tuer!

Et Marguerite courait comme une folle

par les corridors et par les galeries, lorsque tout à coup, en passant devant une petite porte, elle entendit un chant doux, presque lugubre tant il était monotone. C'était un psaume calviniste que chantait une voix tremblante dans la chambre voisine.

— La nourrice du roi mon frère, la bonne Madelon... elle est là! s'écria Marguerite en se frappant le front, éclairée par une pensée subite; elle est là!.. Dieu des chrétiens, aide-moi!

Et Marguerite, pleine d'espérance, heurta doucement à la petite porte.

En effet, après l'avis qui lui avait été donné par Marguerite, après son entretien avec René, après sa sortie de chez la reine-mère, à laquelle, comme un bon génie, avait voulu s'opposer la pauvre petite Thisbé, Henri de Navarre avait rencontré quelques gentilshommes catholiques qui, sous prétexte de lui faire honneur, l'avaient reconduit chez lui, où l'attendaient une vingtaine de huguenots, lesquels s'étaient réunis chez le jeune prince et, une fois réunis, ne voulaient plus le quitter, tant, depuis quelques heures, le pressentiment de cette nuit fatale avait plané sur le Louvre. Ils étaient donc restés ainsi sans qu'on eût tenté de les troubler. Enfin, au premier coup de la cloche de Saint-Germain-l'Auxerrois, qui retentit dans tous ces cœurs comme un glas funèbre, Tavannes entra et, au milieu d'un silence de mort, annonça à Henri que le roi Charles IX voulait lui parler.

Il n'y avait point de résistance à tenter, personne n'en eût eu même la pensée. On entendait les plafonds, les galeries et les corridors du Louvre craquer sous les pieds des soldats réunis, tant dans les cours que dans les appartements, au nombre de près de deux mille. Henri, après avoir pris congé de ses amis, qu'il ne devait plus revoir, suivit donc Tavannes, qui le conduisit dans une petite galerie contiguë au logis du roi, où il le laissa seul, sans armes et le cœur gonflé de toutes les défiances.

Le roi de Navarre compta ainsi, minute par minute, deux mortelles heures, écoutant avec une terreur croissante le bruit du tocsin et le retentissement des arquebusades; voyant, par un guichet vitré, passer, à la lueur de l'incendie, au flamboiement des torches, les fuyards et les assassins ; ne comprenant rien à ces clameurs de meurtre et à ces cris de détresse ; ne pouvant soupçonner enfin, malgré la connaissance qu'il avait de Charles IX, de la reine-mère et du duc de Guise, l'horrible drame qui s'accomplissait en ce moment.

Henri n'avait pas le courage physique ; il avait mieux que cela, il avait la puissance morale : craignant le danger, il l'affrontait en souriant; mais le danger du champ de bataille, le danger en plein air et en plein jour, le danger aux yeux de tous, qu'accompagnent la stridente harmonie des trompettes et la voix sourde et vibrante des tambours... Mais là, il était sans armes, seul, enfermé, perdu dans une demi-obscurité, suffisante à peine pour voir l'ennemi qui pouvait se glisser jusqu'à lui et le fer qui le voulait percer. Ces deux heures furent donc pour lui les deux heures peut-être les plus cruelles de sa vie.

Au plus fort du tumulte, et comme Henri commençait à comprendre que, selon toute probabilité, il s'agissait d'un massacre organisé, un capitaine vint chercher le prince et le conduisit, par un corridor, à l'appartement du roi. A leur approche la porte s'ouvrit, derrière eux la porte se referma — le tout comme par enchantement. — Puis le capitaine introduisit Henri près de Charles IX, alors dans son cabinet des Armes.

Lorsqu'ils entrèrent, le roi était assis dans un grand fauteuil, ses deux mains posées sur les deux bras de son siége et sa tête retombant sur sa poitrine. Au bruit que firent les nouveaux venus, Charles IX releva son front, sur lequel Henri vit couler la sueur par grosses gouttes.

— Bonsoir, Henriot ! dit brutalement le jeune roi ; vous, La Chastre, laissez-nous.

Le capitaine obéit.

Il se fit un moment de sombre silence.

Pendant ce moment, Henri regarda autour de lui avec inquiétude et vit qu'il était seul avec le roi.

Charles IX se leva tout à coup.

—Par la mordieu ! dit-il en retroussant d'un geste rapide ses cheveux blonds et en essuyant son front en même temps, vous êtes content de vous voir près de moi, n'est-ce pas, Henriot ?

—Mais sans doute, sire, répondit le roi de Navarre, et c'est toujours avec bonheur que je me retrouve près de Votre Majesté.

— Plus content que d'être là-bas, hein ! reprit Charles IX continuant à suivre sa propre pensée plutôt qu'il ne répondait au compliment de Henri.

—Sire, je ne comprends pas, dit Henri.

— Regardez et vous comprendrez.

D'un mouvement rapide, Charles IX marcha ou plutôt bondit vers la fenêtre.

Et, attirant à lui son beau-frère de plus en plus épouvanté, il lui montra l'horrible silhouette des assassins qui, sur le plancher d'un bateau, égorgeaient ou noyaient les victimes qu'on leur amenait à chaque instant.

— Mais, au nom du ciel, s'écria Henri tout pâle, que se passe-t-il donc cette nuit?

— Cette nuit, monsieur, dit Charles IX, on me débarrasse de tous les huguenots. Voyez-vous là-bas, au-dessus de l'hôtel de Bourbon, cette fumée et cette flamme; c'est la fumée et la flamme de la maison de l'amiral, qui brûle. Voyez-vous ce corps que de bons catholiques traînent sur une paillasse déchirée; c'est le corps du gendre de l'amiral, le cadavre de votre ami Téligny.

— Oh, que veut dire cela? s'écria le roi de Navarre en cherchant inutilement à son côté la poignée de sa dague et tremblant à la fois de honte et de colère; car il sentait que tout à la fois on le raillait et on le menaçait.

— Cela veut dire, s'écria Charles IX furieux, sans transition, et blémissant d'une manière effrayante, cela veut dire que je ne veux plus de huguenots autour de moi, entendez-vous, Henri? suis-je le roi? suis-je le maître?

— Mais, Votre Majesté...

— Ma Majesté tue et massacre à cette heure tout ce qui n'est pas catholique, c'est son plaisir. Êtes-vous catholique? s'écria Charles, dont la colère montait incessamment comme une marée terrible.

— Sire, dit Henri, rappelez-vous vos paroles : Qu'importe la religion de quiconque me sert bien !

— Ah ! ah ! ah ! s'écria Charles en éclatant d'un rire sinistre ; que je me rappelle mes paroles, dis-tu, Henri ! *Verba volant*, comme dit ma sœur Margot. Et tous ceux-là, regarde, ajouta-t-il en montrant du doigt la ville, ceux-là ne m'avaient-ils pas bien servi aussi ! n'étaient-ils pas braves au combat, sages au conseil, dévoués toujours ! Tous étaient des sujets utiles ; mais ils étaient huguenots, et je ne veux que des catholiques.

Henri resta muet.

— Çà, comprenez-moi donc ! Henriot, s'écria Charles IX.

— J'ai compris, sire.

— Eh bien?

— Eh bien, sire! je ne vois pas pourquoi le roi de Navarre ferait ce que tant de gentilshommes ou de pauvres gens n'ont pas fait. Car enfin s'ils meurent tous, ces malheureux, c'est aussi parce qu'on leur a proposé ce que Votre Majesté me propose, et qu'ils ont refusé comme je refuse.

Charles saisit le bras du jeune prince, et fixant sur lui un regard dont l'atonie se changeait peu à peu en un fauve rayonnement:

— Ah, tu crois, dit-il, que j'ai pris la peine d'offrir la messe à ceux qu'on égorge là-bas!

— Sire, dit Henri en dégageant son

bras, ne mourrez-vous point dans la religion de vos pères?

— Oui, par la mordieu! et toi?

— Eh bien! moi aussi, sire! répondit Henri.

Charles poussa un rugissement de rage et saisit d'une main tremblante son arquebuse placée sur une table. Henri, collé contre la tapisserie, la sueur de l'angoisse au front, mais, grâce à cette puissance qu'il conservait sur lui-même, calme en apparence, suivait tous les mouvements du terrible monarque avec l'avide stupeur de l'oiseau fasciné par le serpent.

Charles arma son arquebuse, et frappant du pied avec une fureur aveugle :

— Veux-tu la messe? s'écria-t-il en éblouissant Henri du miroitement de l'arme fatale.

Henri resta muet.

Charles IX ébranla les voûtes du Louvre du plus terrible juron qui soit jamais sorti des lèvres d'un homme, et de pâle qu'il était il devint livide.

— Mort, messe ou Bastille! s'écria-t-il en mettant le roi de Navarre en joue.

— O sire, s'écria Henri, me tuerez-vous, moi votre beau-frère?

Henri venait d'éluder, avec cet esprit incomparable qui était une des plus puissantes facultés de son organisation, la réponse que lui demandait Charles IX; car, sans aucun doute, si cette réponse eût été négative Henri était mort.

Aussi, comme après les derniers paroxysmes de la rage se trouve immédiatement le commencement de la réaction, Charles IX ne réitéra pas la question qu'il venait d'adresser au prince de Navarre, et après un moment d'hésitation, pendant lequel il fit entendre un rugissement sourd, il se retourna vers la fenêtre ouverte et coucha en joue un homme qui courait sur le quai opposé.

— Il faut cependant bien que je tue quelqu'un, s'écria Charles IX livide comme un cadavre et dont les yeux s'injectaient de sang; et lâchant le coup, il abattit l'homme qui courait.

Henri poussa un gémissement.

Alors animé par une effrayante ardeur, Charles chargea et tira sans relâche son arquebuse, poussant des cris de joie chaque fois que le coup avait porté.

— C'est fait de moi, se dit le roi de Navarre; quand il ne trouvera plus personne à tuer, il me tuera.

— Eh bien! dit tout à coup une voix derrière les princes, est-ce fait?

C'était Catherine de Médicis, qui, pendant la dernière détonation de l'arme, venait d'entrer sans être entendue.

— Non, mille tonnerres d'enfer! hurla Charles en jetant son arquebuse par la chambre... Non, l'entêté... il ne veut pas!...

Catherine ne répondit point. Elle tourna lentement son regard vers la partie de la chambre où se tenait Henri aussi immobile qu'une des figures de la tapisserie contre laquelle il était appuyé. Alors elle ramena sur Charles un œil qui voulait dire :

— Alors, pourquoi vit-il?

— Il vit... il vit... murmura Charles IX, qui comprenait parfaitement ce regard et qui y répondait, comme on le voit, sans hésitation; il vit, parce qu'il... est mon parent.

Catherine sourit.

Henri vit ce sourire et reconnut que c'était Catherine surtout qu'il lui fallait combattre.

— Madame, lui dit-il, tout vient de vous, je le vois bien, et rien de mon beau-frère Charles; c'est vous qui avez eu l'idée de m'attirer dans un piége; c'est vous qui avez pensé à faire de votre fille l'appât qui devait nous perdre tous; c'est vous qui m'avez séparé de ma femme, pour qu'elle n'eût pas l'ennui de me voir tuer sous ses yeux.

— Oui, mais cela ne sera pas! s'écria une autre voix haletante et passionnée que Henri reconnut à l'instant et qui fit tressaillir Charles IX de surprise et Catherine de fureur.

— Marguerite! s'écria Henri.

— Margot! dit Charles IX.

— Ma fille! murmura Catherine.

— Monsieur, dit Marguerite à Henri,

vos dernières paroles m'accusaient, et vous aviez à la fois tort et raison. Raison, car en effet je suis bien l'instrument dont on s'est servi pour vous perdre tous ; tort, car j'ignorais que vous marchiez à votre perte. Moi-même, monsieur, telle que vous me voyez, je dois la vie au hasard, à l'oubli de ma mère, peut-être; mais, sitôt que j'ai appris votre danger, je me suis souvenue de mon devoir. Or le devoir d'une femme est de partager la fortune de son mari. Vous exile-t-on, monsieur, je vous suis dans l'exil; vous emprisonne-t-on, je me fais captive; vous tue-t-on, je meurs.

Et elle tendit à son mari une main que Henri saisit, sinon avec amour, du moins avec reconnaissance.

— Ah, ma pauvre Margot, dit Charles IX, tu ferais bien mieux de lui dire de se faire catholique!

— Sire, répondit Marguerite avec cette haute dignité qui lui était si naturelle, sire, croyez-moi, pour vous-même ne demandez pas une lâcheté à un prince de votre maison.

Catherine lança un regard significatif à Charles.

— Mon frère, s'écria Marguerite, qui, aussi bien que Charles IX, comprenait la terrible pantomime de Catherine, mon frère, songez-y, vous avez fait de lui mon époux.

Charles IX, pris entre le regard impératif de Catherine et le regard suppliant de Marguerite comme entre deux principes opposés, resta un instant indécis; enfin Oromase l'emporta.

— Au fait, madame, dit-il en se penchant à l'oreille de Catherine, Margot a raison et Henriot est mon beau-frère.

— Oui, répondit Catherine en s'approchant à son tour de l'oreille de son fils, oui... mais s'il ne l'était pas !

CHAPITRE II.

L'AUBÉPINE DU CIMETIÈRE DES INNOCENTS.

Rentrée chez elle, Marguerite chercha vainement à deviner le mot que Catherine de Médicis avait dit tout bas à Charles IX, et qui avait arrêté court le terrible conseil de vie et de mort qui se tenait en ce moment.

Une partie de la matinée fut employée

par elle à soigner La Mole ; l'autre à chercher l'énigme que son esprit se refusait à comprendre.

Le roi de Navarre était resté prisonnier au Louvre. Les huguenots étaient plus que jamais poursuivis A la nuit terrible avait succédé un jour de massacre plus hideux encore. Ce n'était plus le tocsin que les cloches sonnaient, c'était des *Te Deum ;* et les accents de ce bronze joyeux, retentissant au milieu du meurtre et des incendies, étaient peut-être plus tristes à la lumière du soleil que ne l'avait été pendant l'obscurité le glas de la nuit précédente. Ce n'était pas le tout : une chose étrange était arrivée ; une aubépine, qui avait fleuri au printemps et qui, comme d'habitude, avait perdu son odorante parure au mois de juin, venait de refleurir pendant la nuit, et les catholiques, qui voyaient dans cet événement un miracle et qui, par la popularisation de ce miracle, faisaient Dieu leur complice, allaient en procession, croix et bannière en tête, au cimetière des Innocents, où cette aubépine fleurissait. Cette espèce d'assentiment donné par le ciel au massacre qui s'exécutait, avait redoublé l'ardeur des assassins. Et tandis que la ville continuait à offrir dans chaque rue, dans chaque carrefour, sur chaque place une scène de désolation, le Louvre avait déjà servi de tombeau commun à tous les protestants qui s'y étaient trouvés enfermés au moment du signal. Le roi de Navarre, le prince de Condé et La Mole y étaient seuls demeurés vivants.

Rassurée sur La Mole, dont les plaies, comme elle l'avait dit la veille, étaient dangereuses mais non mortelles, Marguerite n'était donc plus préoccupée que d'une chose : sauver la vie de son mari, qui continuait d'être menacée. Sans doute le premier sentiment qui s'était emparé de l'épouse était un sentiment de loyale pitié pour un homme auquel elle venait, comme l'avait dit lui-même le Béarnais, de jurer, sinon amour, du moins alliance. Mais, à la suite de ce sentiment, un autre moins pur avait pénétré dans le cœur de la reine.

Marguerite était ambitieuse, Marguerite avait vu presque une certitude de royauté dans son mariage avec Henri de Bourbon. La Navarre, tiraillée d'un côté

par les rois de France, de l'autre par les
rois d'Espagne, qui, lambeau à lambeau,
avaient fini par emporter la moitié de son
territoire, pouvait, si Henri de Bourbon
réalisait les espérances de courage qu'il
avait données dans les rares occasions
qu'il avait eues de tirer l'épée, devenir un
royaume réel, avec les huguenots de
France pour sujets. Grâce à son esprit si
fin et si élevé, Marguerite avait entrevu et
calculé tout cela. En perdant Henri, ce
n'était donc pas seulement un mari qu'elle
perdait, c'était un trône.

Elle en était au plus intime de ses ré-
flexions, lorsqu'elle entendit frapper à la
porte du corridor secret ; elle tressaillit,
car trois personnes seulement venaient
par cette porte : le roi, la reine-mère et le

duc d'Alençon. Elle entr'ouvrit la porte du cabinet, recommanda du doigt le silence à Gillonne et à La Mole et alla ouvrir au visiteur.

Ce visiteur était le duc d'Alençon.

Le jeune homme avait disparu depuis la veille. Un instant Marguerite avait eu l'idée de réclamer son intercession en faveur du roi de Navarre, mais une idée terrible l'avait arrêtée. Le mariage s'était fait contre son gré, François détestait Henri et n'avait conservé la neutralité en faveur du Béarnais, que parce qu'il était convaincu que Henri et sa femme étaient restés étrangers l'un à l'autre. Une marque d'intérêt donnée par Marguerite à son époux pouvait en conséquence au lieu de l'écarter, rapprocher de sa poitrine un des trois poignards qui le menaçaient.

Marguerite frissonna donc en apercevant le jeune prince plus qu'elle n'eût frissonné en apercevant le roi Charles IX ou la reine-mère elle-même. On n'eût point dit d'ailleurs, en le voyant, qu'il se passât quelque chose d'insolite par la ville, ni au Louvre : il était vêtu avec son élégance ordinaire. Ses habits et son linge exhalaient ces parfums que méprisait Charles IX, mais dont le duc d'Anjou et lui faisaient un si continuel usage. Seulement un œil exercé comme l'était celui de Marguerite pouvait remarquer que, malgré sa pâleur plus grande que d'habitude, et malgré le léger tremblement qui agitait l'extrémité de ses mains aussi belles et aussi soignées que des mains de femme, il renfermait au fond de son cœur quelque sentiment joyeux.

Son entrée fut ce qu'elle avait l'habitude d'être. Il s'approcha de sa sœur pour l'embrasser. Mais, au lieu de lui tendre ses joues, comme elle eût fait au roi Charles ou au duc d'Anjou, Marguerite s'inclina, et lui offrit le front.

Le duc d'Alençon poussa un soupir, et posa ses lèvres blémissantes sur ce front que lui présentait Marguerite.

— Alors s'asseyant, il se mit à raconter à sa sœur les nouvelles sanglantes de la nuit : la mort lente et terrible de l'amiral ; la mort instantanée de Téligny, qui, percé d'une balle, rendit à l'instant même le dernier soupir. Il s'arrêta, s'appesantit, se complut sur les détails sanglants de cette nuit avec cet amour du sang particulier à lui et à ses deux frères. Marguerite le laissa dire.

Enfin, ayant tout dit, il se tut.

— Ce n'est pas pour me faire ce récit seulement que vous êtes venu me rendre visite, n'est-ce pas, mon frère? demanda Marguerite.

Le duc d'Alençon sourit.

— Vous avez encore autre chose à me dire?

— Non, répondit le duc, j'attends.

— Qu'attendez-vous?

— Ne m'avez-vous pas dit, chère Marguerite bien-aimée, reprit le duc en rapprochant son fauteuil de celui de sa sœur, que ce mariage avec le roi de Navarre se faisait contre votre gré?

— Oui, sans doute. Je ne connaissais point le prince de Béarn lorsqu'on me l'a proposé pour époux.

— Et depuis que vous le connaissez, ne m'avez-vous pas affirmé que vous n'éprouviez aucun amour pour lui?

— Je vous l'ai dit, il est vrai.

— Votre opinion n'était-elle pas que ce mariage devait faire votre malheur?

— Mon cher François, dit Marguerite, quand un mariage n'est pas la suprême félicité, c'est presque toujours la suprême douleur.

— Eh bien, ma chère Marguerite! comme je vous le disais, j'attends.

— Mais qu'attendez-vous, dites?

— Que vous témoigniez votre joie.

— De quoi donc ai-je à me réjouir?

— Mais de cette occasion inattendue qui se présente de reprendre votre liberté.

— Ma liberté! reprit Marguerite, qui voulait forcer le prince à aller jusqu'au bout de sa pensée.

— Sans doute, votre liberté! vous allez être séparée du roi de Navarre.

— Séparée! dit Marguerite en fixant ses yeux sur le jeune prince.

Le duc d'Alençon essaya de soutenir le regard de sa sœur; mais bientôt ses yeux s'écartèrent d'elle avec embarras.

— Séparée! répéta Marguerite; voyons cela, mon frère! car je suis bien aise que vous me mettiez à même d'approfondir la question; et comment compte-t-on nous séparer ?

— Mais, murmura le duc, Henri est huguenot.

— Sans doute; mais il n'avait pas fait mystère de sa religion, et l'on savait cela quand on nous a mariés.

— Oui; mais depuis votre mariage, ma sœur, dit le duc laissant malgré lui un rayon de joie illuminer son visage, qu'a fait Henri?

— Mais vous le savez mieux que personne, François! puisqu'il a passé ses journées presque toujours en votre compagnie, tantôt à la chasse, tantôt au mail, tantôt à la paume.

— Oui, ses journées, sans doute, reprit le duc; ses journées, mais ses nuits?

Marguerite se tut, et ce fut à son tour de baisser les yeux.

— Ses nuits, continua le duc d'Alençon, ses nuits?

— Eh bien? demanda Marguerite sentant qu'il fallait bien répondre quelque chose.

— Eh bien, il les a passées chez madame de Sauve!

— Comment le savez-vous? s'écria Marguerite.

— Je le sais parce que j'avais intérêt à le savoir, répondit le jeune prince en pâlissant et en déchiquetant la broderie de ses manches.

Marguerite commençait à comprendre ce que Catherine avait dit tout bas à Charles IX; mais elle fit semblant de demeurer dans son ignorance.

— Pourquoi me dites-vous cela, mon frère? répondit-elle avec un air de mélancolie parfaitement joué; est-ce pour me rappeler que personne ici ne m'aime et ne tient à moi : pas plus ceux que la nature m'a donnés pour protecteurs, que celui que l'Église m'a donné pour époux?

— Vous êtes injuste, dit vivement le duc d'Alençon en rapprochant encore son fauteuil de celui de sa sœur, je vous aime et je vous protége, moi!

— Mon frère, dit Marguerite en le regardant fixement, vous avez quelque chose à me dire de la part de la reine-mère?

— Moi! vous vous trompez, ma sœur,

je vous jure! Qui peut vous faire croire cela?

— Ce qui peut me le faire croire, c'est que vous rompez l'amitié qui vous attachait à mon mari; c'est que vous abandonnez la cause du roi de Navarre.

— La cause du roi de Navarre! reprit le duc d'Alençon tout interdit.

— Oui sans doute. Tenez, François! parlons franc. Vous en êtes convenu vingt fois, vous ne pouvez vous élever et même vous soutenir que l'un par l'autre. Cette alliance...

— Est devenue impossible, ma sœur! interrompit le duc d'Alençon.

— Et pourquoi cela?

— Parce que le roi a des desseins sur

votre mari. Pardon! en disant votre mari,
je me trompe : c'est sur Henri de Navarre
que je devais dire. Notre mère a deviné
tout. Je m'alliais aux huguenots, parce que
je croyais les huguenots en faveur. Mais
voilà qu'on tue les huguenots et que dans
huit jours il n'en restera pas cinquante
dans tout le royaume. Je tendais la main
au roi de Navarre, parce qu'il était.... votre
mari. Mais voilà qu'il n'est plus votre mari.
Qu'avez-vous à dire à cela, vous qui êtes
non-seulement la plus belle femme de
France, mais encore la plus forte tête du
royaume?

— J'ai à dire, reprit Marguerite, que je
connais notre frère Charles. Je l'ai vu hier
dans un de ces accès de frénésie dont chacun
abrége sa vie de dix ans ; j'ai à dire que ces
accès se renouvellent, par malheur, bien

souvent maintenant, ce qui fait que, selon toute probabilité, notre frère Charles n'a pas long-temps à vivre; j'ai à dire enfin que le roi de Pologne vient de mourir et qu'il est fort question d'élire en sa place un prince de la maison de France; j'ai à dire enfin que, lorsque les circonstances se présentent ainsi, ce n'est point le moment d'abandonner des alliés qui, au moment du combat, peuvent nous soutenir avec le concours d'un peuple et l'appui d'un royaume.

— Et vous, s'écria le duc, ne me faites-vous pas une trahison bien plus grande de préférer un étranger à votre frère?

— Expliquez-vous, François! en quoi et comment vous ai-je trahi?

— Vous avez demandé hier au roi la vie du roi de Navarre.

— Eh bien ? demanda Marguerite avec une feinte naïveté.

Le duc se leva précipitamment, fit deux ou trois fois le tour de la chambre d'un air égaré, puis revint prendre la main de Marguerite.

Cette main était roide et glacée.

— Adieu, ma sœur ! dit-il ; vous n'avez pas voulu me comprendre, ne vous en prenez donc qu'à vous des malheurs qui pourront vous arriver.

Marguerite pâlit, mais demeura immobile à sa place. Elle vit sortir le duc d'Alençon sans faire un signe pour le rappeler ; mais à peine l'avait-elle perdu de vue dans le corridor qu'il revint sur ses pas.

— Écoutez, Marguerite, dit-il, j'ai oublié de vous dire une chose ; c'est que demain, à pareille heure, le roi de Navarre sera mort.

Marguerite poussa un cri ; car cette idée qu'elle était l'instrument d'un assassinat lui causait une épouvante qu'elle ne pouvait surmonter.

— Et vous n'empêcherez pas cette mort, dit-elle ; vous ne sauverez pas votre meilleur et votre plus fidèle allié ?

— Depuis hier, mon allié n'est plus le roi de Navarre.

— Et qui est-ce donc, alors ?

— C'est M. de Guise. En détruisant les huguenots, on a fait M. de Guise roi des catholiques.

— Et c'est le fils de Henri II qui reconnaît pour son roi un duc de Lorraine!...

— Vous êtes dans un mauvais jour, Marguerite, et vous ne comprenez rien.

— J'avoue que je cherche en vain à lire dans votre pensée.

— Ma sœur, vous êtes d'aussi bonne maison que madame la princesse de Porcian, et Guise n'est pas plus immortel que le roi de Navarre; eh bien! Marguerite, supposez maintenant trois choses, toutes trois possibles : la première, c'est que Monsieur soit élu roi de Pologne; la seconde, c'est que vous m'aimiez comme je vous aime; eh bien! je suis roi de France, et vous... et vous... reine des catholiques.

Marguerite cacha sa tête dans ses mains, éblouie de la profondeur des vues de cet adolescent que personne à la cour n'osait appeler une intelligence.

— Mais, demanda-t-elle après un moment de silence, vous n'êtes donc pas jaloux de M. le duc de Guise comme vous l'êtes du roi de Navarre?

— Ce qui est fait est fait, dit le duc d'Alençon d'une voix sourde; et si j'ai eu à être jaloux du duc de Guise, eh bien! je l'ai été.

— Il n'y a qu'une seule chose qui puisse empêcher ce beau plan de réussir, mon frère! dit Marguerite en se levant.

— Laquelle?

— C'est que je n'aime plus le duc de Guise.

— Et qui donc aimez-vous, alors?

— Personne.

Le duc d'Alençon regarda Marguerite avec l'étonnement d'un homme qui, à son tour, ne comprend plus, et sortit de l'appartement en poussant un soupir, et en pressant de sa main glacée son front prêt à se fendre.

Marguerite demeura seule et pensive. La situation commençait à se dessiner claire et précise à ses yeux; le roi avait laissé faire la Saint-Barthélemy, la reine Catherine et le duc de Guise l'avaient faite. Le duc de Guise et le duc d'Alençon allaient se réunir pour en tirer le meilleur parti possible. La mort du roi de Navarre était une conséquence naturelle de cette grande catastrophe. Le roi de Navarre mort, on s'emparait de son royaume. Marguerite restait donc veuve, sans trône, sans puissance, et n'ayant d'autre perspective qu'un cloître où elle n'aurait pas même la triste douleur de pleurer un époux qui n'avait jamais été son mari.

Elle en était là, lorsque la reine Catherine lui fit demander si elle ne voulait pas venir faire avec toute la cour un pèlerinage à l'aubépine du cimetière des Innocents.

Le premier mouvement de Marguerite fut de refuser de faire partie de cette cavalcade. Mais la pensée que cette sortie lui fournirait peut-être l'occasion d'apprendre quelque chose de nouveau sur le sort du roi de Navarre la décida. Elle fit donc réponse que si on voulait lui tenir un cheval prêt, elle accompagnerait très-volontiers Leurs Majestés.

Cinq minutes après, un page vint lui annoncer que, si elle voulait descendre, le cortége allait se mettre en marche. Marguerite fit de la main à Gillonne un signe pour lui recommander le blessé et descendit.

Le roi, la reine-mère, Tavannes et les principaux catholiques étaient déjà à cheval. Marguerite jeta un coup d'œil rapide sur ce groupe, qui se composait d'une vingtaine de personnes, à peu près : le roi de Navarre n'y était point.

Mais madame de Sauve y était; elle échangea un regard avec elle, et Marguerite comprit que la maîtresse de son mari avait quelque chose à lui dire.

On se mit en route en gagnant la rue

Saint-Honoré par la rue de Lastruce. A la vue du roi, de la reine Catherine et des principaux catholiques, le peuple s'était amassé, suivant le cortége comme un flot qui monte, criant : Vive le roi! vive la messe! mort aux huguenots!

Ces cris étaient accompagnés de brandissements d'épées rougies et d'arquebuses fumantes, qui indiquaient la part que chacun avait prise au sinistre événement qui venait de s'accomplir.

En arrivant à la hauteur de la rue des Prouvelles, on rencontra des hommes qui traînaient un cadavre sans tête. C'était celui de l'amiral. Ces hommes allaient le pendre par les pieds à Montfaucon.

On entra dans le cimetière des Saints-

Innocents par la porte qui s'ouvrait en face de la rue des Chaps, aujourd'hui celle des Déchargeurs. Le clergé, prévenu de la visite du roi et de celle de la reine-mère, attendait Leurs Majestés pour les haranguer.

Madame de Sauve profita du moment où Catherine écoutait le discours qu'on lui faisait pour s'approcher de la reine de Navarre, et lui demander la permission de baiser sa main. Marguerite étendit le bras vers elle, madame de Sauve approcha ses lèvres de la main de la reine et, en la baisant, lui glissa un petit papier roulé dans la manche.

Si rapide et si dissimulée qu'eût été la retraite de madame de Sauve, Catherine s'en était aperçue, elle se retourna au moment où sa dame d'honneur baisait la main de la reine.

Les deux femmes virent ce regard qui pénétrait jusqu'à elles comme un éclair, mais toutes deux restèrent impassibles. Seulement madame de Sauve s'éloigna de Marguerite, et alla reprendre sa place près de Catherine.

Lorsqu'elle eut répondu au discours qui venait de lui être adressé, Catherine fit du doigt, et en souriant, signe à la reine de Navarre de s'approcher d'elle.

Marguerite obéit.

— Eh, ma fille! dit la reine-mère dans son patois italien, vous avez donc de grandes amitiés avec madame de Sauve?

Marguerite sourit, en donnant à son beau visage l'expression la plus amère qu'elle put trouver.

— Oui, ma mère, répondit-elle, le serpent est venu me mordre à la main.

— Ah! ah! dit Catherine en souriant, vous êtes jalouse, je crois!

— Vous vous trompez, madame! répondit Marguerite. Je ne suis pas plus jalouse du roi de Navarre que le roi de Navarre n'est amoureux de moi. Seulement je sais distinguer mes amis de mes ennemis. J'aime qui m'aime, et déteste qui me hait. Sans cela, madame, serais-je votre fille?

Catherine sourit de manière à faire comprendre à Marguerite que, si elle avait eu quelque soupçon, ce soupçon était évanoui.

D'ailleurs, en ce moment, de nouveaux pèlerins attirèrent l'attention de l'auguste assemblée. Le duc de Guise arrivait escorté d'une troupe de gentilshommes tout échauffés encore d'un carnage récent. Ils escortaient une litière richement tapissée, qui s'arrêta en face du roi.

— La duchesse de Nevers! s'écria Charles IX. Çà, voyons! qu'elle vienne recevoir nos compliments, cette belle et rude catholique. Que m'a-t-on dit, ma cousine! que, de votre fenêtre, vous avez giboyé aux huguenots, et que vous en avez tué un d'un coup de pierre?

La duchesse de Nevers rougit extrêmement.

— Sire, dit-elle à voix basse, en venant s'agenouiller devant le roi, c'est au contraire un catholique blessé que j'ai eu le bonheur de recueillir.

— Bien, bien, ma cousine, il y a deux façons de me servir : l'une en exterminant mes ennemis, l'autre en secourant mes amis. On fait ce qu'on peut, et je suis sûr que, si vous eussiez pu davantage, vous l'eussiez fait.

Pendant ce temps, le peuple, qui voyait la bonne harmonie qui régnait entre la maison de Lorraine et Charles IX, criait à tue-tête : Vive le roi! Vive le duc de Guise! Vive la messe!

— Revenez-vous au Louvre avec nous, Henriette? dit la reine-mère à la belle duchesse.

Marguerite toucha du coude son amie, qui comprit aussitôt ce signe, et qui répondit :

— Non pas, madame, à moins que Votre Majesté ne me l'ordonne, car j'ai affaire en ville avec Sa Majesté la reine de Navarre.

— Et qu'allez-vous faire ensemble? demanda Catherine.

— Voir des livres grecs très-rares et très-curieux qu'on a trouvés chez un vieux pasteur protestant, et qu'on a transportés à la tour Saint-Jacques-la-Boucherie, répondit Marguerite.

— Vous feriez bien mieux d'aller voir jeter les derniers huguenots du haut du

Pont-aux-Meuniers dans la Seine, dit Charles IX. C'est la place des bons Français.

— Nous irons s'il plaît à Votre Majesté, répondit la duchesse de Nevers.

Catherine jeta un regard de défiance sur les deux jeunes femmes. Marguerite, aux aguets, l'intercepta, et, se tournant et se retournant aussitôt d'un air fort préoccupé, elle regarda avec inquiétude autour d'elle.

Cette inquiétude feinte ou réelle n'échappa point à Catherine.

— Que cherchez-vous?

— Je cherche.... Je ne vois plus, dit-elle.

— Qui cherchez-vous, qui ne voyez-vous plus?

— La Sauve, dit Marguerite. Serait-elle retournée au Louvre?

— Quand je te disais que tu étais jalouse! dit Catherine à l'oreille de sa fille. O bestia!... Allons, allons, Henriette! continua-t-elle en haussant les épaules, emmenez la reine de Navarre.

Marguerite feignit encore de regarder autour d'elle, puis se penchant à son tour à l'oreille de son amie :

— Emmène-moi vite, lui dit-elle. J'ai des choses de la plus haute importance à te dire.

La duchesse fit une révérence à Charles IX et à Catherine, puis, s'inclinant devant la reine de Navarre :

— Votre Majesté daignera-t-elle monter dans ma litière? dit-elle.

— Volontiers. Seulement vous serez obligée de me faire reconduire au Louvre.

— Ma litière, comme mes gens, comme moi-même, répondit la duchesse, sont aux ordres de Votre Majesté.

La reine Marguerite monta dans la litière, et, sur un signe qu'elle lui fit, la duchesse de Nevers monta à son tour, et prit respectueusement place sur le devant.

Catherine et ses gentilshommes retournèrent au Louvre en suivant le même chemin qu'ils avaient pris pour venir. Seulement pendant toute la route on vit la reine-mère parler sans relâche à l'oreille du roi, en lui désignant plusieurs fois madame de Sauve.

Et à chaque fois le roi riait, comme riait Charles IX ; c'est-à-dire d'un rire plus sinistre qu'une menace.

Quant à Marguerite, une fois qu'elle eut senti la litière se mettre en mouvement, et qu'elle n'eut plus à craindre la perçante investigation de Catherine, elle tira vivement de sa manche le billet de madame de Sauve et lut les mots suivants :

« J'ai reçu l'ordre de faire remettre ce soir au roi de Navarre deux clefs : l'une est celle de la chambre dans laquelle il est enfermé ; l'autre est celle de la mienne.

Une fois qu'il sera entré chez moi, il m'est enjoint de l'y garder jusqu'à six heures du matin.

» Que Votre Majesté réfléchisse, que Votre Majesté décide, que Votre Majesté ne compte ma vie pour rien. »

— Il n'y a plus de doute, murmura Marguerite, et la pauvre femme est l'instrument dont on veut se servir pour nous perdre tous. Mais nous verrons si de la reine Margot, comme dit mon frère Charles, on fait si facilement une religieuse.

— De qui donc est cette lettre? demanda la duchesse de Nevers en montrant le papier que Marguerite venait de lire et de relire avec une si grande attention.

— Ah, duchesse! j'ai bien des choses

à te dire, répondit Marguerite en déchirant le billet en mille et mille morceaux.

CHAPITRE III.

LES CONFIDENCES.

— Et, d'abord, où allons-nous? demanda Marguerite. Ce n'est pas au pont des Meuniers, j'imagine ?... J'ai vu assez de tueries comme cela depuis hier, ma pauvre Henriette!

— J'ai pris la liberté de conduire Votre Majesté...

— D'abord, et avant toute chose, Ma Majesté te prie d'oublier Sa Majesté... Tu me conduisais donc...

— A l'hôtel de Guise, à moins que vous n'en décidiez autrement.

— Non pas! non pas, Henriette! allons chez toi ; le duc de Guise n'y est pas, ton mari n'y est pas ?

— Oh non ! s'écria la duchesse avec une joie qui fit étinceler ses beaux yeux couleur d'émeraude ; non ! ni mon beau-frère, ni mon mari, ni personne ! Je suis libre, libre comme l'air, comme l'oiseau, comme le nuage.... Libre, ma reine, entendez-vous ! Comprenez-vous ce qu'il y a de bonheur dans ce mot : Libre ?... Je vais, je viens, je commande ! Ah ! pauvre reine ! vous n'êtes pas libre, vous ! aussi vous soupirez...

— Tu vas, tu viens, tu commandes ! Est-ce donc tout ? Et ta liberté, ne te sert-elle qu'à cela ? Voyons, tu es bien joyeuse pour n'être que libre ?

— Votre Majesté m'a promis d'entamer les confidences.

— Encore Ma Majesté ; voyons, nous nous fâcherons, Henriette ; as-tu donc oublié nos conventions ?

— Non, votre respectueuse servante devant le monde, ta folle confidente dans le tête-à-tête. N'est-ce pas cela, madame ? n'est-ce pas cela, Marguerite ?

— Oui, oui ! dit la reine en souriant.

— Ni rivalités de maisons, ni perfidies d'amour ; tout bien, tout bon, tout franc ; une alliance enfin offensive et défensive, dans le seul but de rencontrer et de saisir au vol, si nous le rencontrons, cet éphémère qu'on nomme le bonheur.

— Bien, ma duchesse! c'est cela; et pour renouveler le pacte, embrasse-moi.

Et les deux charmantes têtes, l'une pâle et voilée de mélancolie; l'autre, rosée, blonde et rieuse, se rapprochèrent gracieusement et unirent leurs lèvres comme elles avaient uni leurs pensées.

— Donc il y a du nouveau? demanda la duchesse en fixant sur Marguerite un regard avide et curieux.

— Tout n'est-il pas nouveau depuis deux jours?

— Oh! je parle d'amour et non de politique, moi. Quand nous aurons l'âge de dame Catherine ta mère, nous en ferons, de la politique. Mais nous avons vingt ans, ma belle reine, parlons d'autre chose. Voyons, serais-tu mariée pour tout de bon?

— A qui? dit Marguerite en riant.

— Ah! tu me rassures, en vérité.

— Eh bien, Henriette! ce qui te rassure m'épouvante. Duchesse, il faut que je sois mariée.

— Quand cela?

— Demain.

— Ah bah! vraiment! Pauvre amie! Et c'est nécessaire?

— Absolument.

— Mordi! comme dit quelqu'un de ma connaissance, voilà qui est fort triste.

— Tu connais quelqu'un qui dit : Mordi? demanda en riant Marguerite.

— Oui.

— Et quel est ce quelqu'un?

— Tu m'interroges toujours, quand c'est à toi de parler. Achève, et je commencerai.

— En deux mots, voici : le roi de Navarre est amoureux et ne veut pas de moi. Je ne suis pas amoureuse; mais je ne veux pas de lui. Cependant il faudrait que nous changeassions d'idée l'un et l'autre ou que nous eussions l'air d'en changer d'ici à demain.

— Eh bien! change, toi! et tu peux être sûre qu'il changera, lui!

— Justement, voilà l'impossible; car

je suis moins disposée à changer que jamais.

— A l'égard de ton mari seulement, j'espère?

— Henriette, j'ai un scrupule.

— Un scrupule de quoi?

— De religion. Fais-tu une différence entre les huguenots et les catholiques?

— En politique?

— Oui.

— Sans doute.

— Mais en amour?

— Ma chère amie, nous autres femmes, nous sommes tellement païennes, qu'en fait de sectes, nous les admettons toutes ; qu'en fait de dieux, nous en reconnaissons plusieurs.

— En un seul, n'est-ce pas?

— Oui, dit la duchesse avec un regard étincelant de paganisme; oui, celui qui s'appelle Eros — Cupido — Amor; — oui, celui qui a un carquois, un bandeau et des ailes; — mordi! vive la dévotion !

— Cependant, tu as une manière de prier qui est exclusive ; tu jettes des pierres sur la terre des huguenots.

— Faisons bien et laissons dire...— Ah, Marguerite ! comme les meilleures idées, comme les plus belles actions se travestissent en passant par la bouche du vulgaire!

— Le vulgaire!... Mais c'est mon frère Charles qui te félicitait, ce me semble?

— Ton frère Charles, Marguerite, est un grand chasseur qui sonne du cor toute

la journée, ce qui le rend fort maigre...
Je récuse donc jusqu'à ses compliments.
D'ailleurs je lui ai répondu, à ton frère
Charles.... N'as-tu pas entendu ma réponse ?

— Non, tu parlais si bas !

— Tant mieux, j'aurai plus de nouveau
à t'apprendre. Çà ! la fin de ta confidence,
Marguerite ?

— C'est que... c'est que...

— Eh bien ?

— C'est que, dit la reine en riant, si
la pierre dont parlait mon frère Charles
était historique, je m'abstiendrais.

— Bon ! s'écria Henriette, tu as choisi
un huguenot. Eh bien, sois tranquille !
pour rassurer ta conscience, je te pro-

mets d'en choisir un à la première occasion.

— Ah! il paraît que cette fois tu as pris un catholique?

— Mordi! reprit la duchesse.

— Bien, bien! je comprends.

— Et comment est-il, notre huguenot?

— Je ne l'ai pas choisi; ce jeune homme ne m'est rien, et ne me sera probablement jamais rien.

— Mais enfin, comment est-il; cela ne t'empêche pas de me le dire, tu sais combien je suis curieuse?

— Un pauvre jeune homme beau comme le Nisus de Benvenuto Cellini... et qui s'est venu réfugier dans mon appartement.

— Oh, oh!... et tu ne l'avais pas un peu convoqué?

— Pauvre garçon ! Ne ris donc pas ainsi, Henriette, car en ce moment il est encore entre la vie et la mort.

— Il est donc malade ?

— Il est grièvement blessé.

— Mais c'est très-gênant, un huguenot blessé ! surtout dans des jours comme ceux où nous nous trouvons ; et qu'en fais-tu, de ce huguenot blessé qui ne t'est rien et ne te sera jamais rien ?

— Il est dans mon cabinet ; je le cache, je veux le sauver.

— Il est beau, il est jeune, il est blessé. Tu le caches dans ton cabinet, tu veux le sauver ; ce huguenot-là sera bien ingrat s'il n'est pas trop reconnaissant !

— Il l'est déjà, j'en ai bien peur... plus que je ne le désirerais.

— Et il t'intéresse... ce pauvre jeune homme?

— Par humanité... seulement.

— Ah! l'humanité, ma pauvre reine! c'est toujours cette vertu-là qui nous perd, nous autres femmes!

— Oui, et tu comprends : comme d'un moment à l'autre le roi, le duc d'Alençon, ma mère, mon mari même... peuvent entrer dans mon appartement...

— Tu veux me prier de te garder ton petit huguenot, n'est-ce pas, tant qu'il sera malade, à la condition de te le rendre quand il sera guéri?

— Rieuse! dit Marguerite. Non, je te jure que je ne prépare pas les choses de si loin. Seulement si tu pouvais trouver un moyen de cacher le pauvre garçon; si tu pouvais lui conserver la vie que je lui ai sauvée ; eh bien, je t'avoue que je t'en serais véritablement reconnaissante! Tu es libre à l'hôtel de Guise, tu n'as ni beau-frère, ni mari qui t'espionne ou qui te contraigne, et de plus derrière ta chambre, où personne, chère Henriette, n'a heureusement pour toi le droit d'entrer, un grand cabinet pareil au mien. Eh bien! prête-moi ce cabinet pour mon huguenot; quand il sera guéri tu lui ouvriras la cage et l'oiseau s'envolera.

— Il n'y a qu'une difficulté, chère reine, c'est que la cage est occupée.

— Comment! tu as donc aussi sauvé quelqu'un, toi?

— C'est justement ce que j'ai répondu à ton frère.

— Ah! je comprends; voilà pourquoi

tu parlais si bas que je ne t'ai pas entendue.

— Ecoute, Marguerite, c'est une histoire admirable, non moins belle, non moins poétique que la tienne. Après t'avoir laissé six de mes gardes, j'étais montée avec les six autres à l'hôtel de Guise, et je regardais piller et brûler une maison qui n'est séparée de l'hôtel de mon frère que par la rue des Quatre-Fils, quand tout à coup j'entends crier des femmes et jurer des hommes. Je m'avance sur le balcon et je vois d'abord une épée dont le feu semblait éclairer toute la scène à elle seule. J'admire cette lame furieuse : j'aime les belles choses, moi!... puis je cherche naturellement à distinguer le bras qui la faisait mouvoir, et le corps auquel ce bras appartenait. Au milieu des coups, des cris, je distingue enfin l'homme, et je vois... un héros, un Ajax Télamon. J'entends une voix, une voix de Stentor. Je m'enthousiasme, je demeure toute palpitante, tressaillant à chaque coup dont il était menacé, à chaque botte qu'il portait, ç'a été une émotion d'un quart d'heure, vois-tu, ma reine, comme je n'en avais jamais éprouvé, comme j'avais cru qu'il n'en existait pas. Aussi j'étais là haletante, suspendue, muette, quand tout à coup mon héros a disparu.

— Comment cela?

— Sous une pierre que lui a jetée une vieille femme; alors, comme Cyrus, j'ai retrouvé la voix, j'ai crié : A l'aide, au secours! Nos gardes sont venus, l'ont pris, l'ont relevé et enfin l'ont transporté dans la chambre que tu me demandes pour ton protégé.

— Hélas! je comprends d'autant mieux cette histoire, chère Henriette, dit Marguerite, que cette histoire est presque la mienne.

— Avec cette différence, ma reine, que, servant mon roi et ma religion, je n'ai point besoin de renvoyer M. Annibal de Coconnas.

— Il s'appelle Annibal de Coconnas! reprit Marguerite en éclatant de rire.

— C'est un terrible nom, n'est-ce pas! dit Henriette. Eh bien! celui qui le porte en est digne. Quel champion, mordi! et que de sang il a fait couler! Mets ton masque, ma reine! nous voici à l'hôtel.

— Pourquoi donc mettre mon masque?

— Parce que je veux te montrer mon héros.

— Il est beau ?

— Il m'a semblé magnifique pendant ses batailles. Il est vrai que c'était la nuit à la lueur des flammes. Ce matin, à la lumière du jour, il m'a paru perdre un peu, je l'avoue. Cependant je crois que tu en seras contente.

— Alors mon protégé est refusé à l'hôtel de Guise; j'en suis fâchée, car c'est le dernier endroit où l'on viendrait chercher un huguenot.

— Pas le moins du monde : je le ferai apporter ici ce soir; l'un couchera dans le coin à droite, l'autre dans le coin à gauche.

— Mais s'ils se reconnaissent, l'un pour

protestant, l'autre pour catholique, ils vont se dévorer.

— Oh! il n'y a pas de danger. M. de Coconnas a reçu dans la figure un coup qui fait qu'il n'y voit presque pas clair, ton huguenot a reçu dans la poitrine un coup qui fait qu'il ne peut presque pas remuer; — et puis, d'ailleurs, tu lui recommanderas de garder le silence à l'endroit de la religion, et tout ira à merveille.

— Allons, soit!

— Entrons, c'est conclu.

— Merci, dit Marguerite en serrant la main de son amie.

— Ici, madame, vous redevenez Majesté, dit la duchesse de Nevers; permettez-moi donc de vous faire les honneurs de l'hôtel de Guise, comme ils doivent être faits à la reine de Navarre.

Et la duchesse, descendant de sa litière, mit presque un genou en terre pour aider Marguerite à descendre à son tour ; puis, lui montrant de la main la porte de l'hôtel gardée par deux sentinelles arquebuse à la main, elle suivit à quelques pas la reine, qui marcha majestueusement précédant la duchesse, qui garda son humble attitude tant qu'elle put être vue. Arrivée à sa chambre, la duchesse ferma sa porte ; et appelant sa camérière, Sicilienne des plus alertes :

— Mica, lui dit-elle en italien, comment va M. le comte ?

— Mais de mieux en mieux, répondit celle-ci.

— Et que fait-il?

— En ce moment, je crois, madame, qu'il prend quelque chose.

— Bien, dit Marguerite! si l'appétit revient, c'est bon signe.

— Ah, c'est vrai! j'oubliais que tu es une élève d'Ambroise Paré. Allez, Mica.

— Tu la renvoies?

— Oui, pour qu'elle veille sur nous.

Mica sortit.

— Maintenant, dit la duchesse, veux-tu entrer chez lui, veux-tu que je le fasse venir?

— Ni l'un, ni l'autre ; je voudrais le voir sans être vue.

— Que t'importe, puisque tu as ton masque?

— Il peut me reconnaître à mes cheveux, à mes mains, à un bijou.

— Oh! comme elle est prudente depuis qu'elle est mariée, ma belle reine!

Marguerite sourit.

— Eh bien, mais, je ne vois qu'un moyen, continua la duchesse.

— Lequel?

— C'est de le regarder par le trou de la serrure.

— Soit! conduis-moi.

— La duchesse prit Marguerite par la main, la conduisit à une porte sur laquelle retombait une tapisserie, s'inclina sur un genou et approcha son œil de l'ouverture que laissait la clef absente.

— Justement, dit-elle, il est à table et a le visage tourné de notre côté. Viens.

La reine Marguerite prit la place de son amie et approcha à son tour son œil du trou de la serrure. Coconnas, comme l'avait dit la duchesse, était assis à une table admirablement servie, et à laquelle ses blessures ne l'empêchaient pas de faire honneur.

— Ah, mon Dieu! s'écria Marguerite en se reculant.

— Quoi donc? demanda la duchesse étonnée.

— Impossible! Non! Si! Oh! sur mon âme! c'est lui-même!

— Qui, lui-même?

— Chut! dit Marguerite en se relevant et en saisissant la main de la duchesse, celui qui voulait tuer mon huguenot, qui l'a poursuivi jusque dans ma chambre, qui l'a frappé jusque dans mes bras ! Oh ! Henriette, quel bonheur qu'il ne m'ait pas aperçue !

— Eh bien, alors ! puisque tu l'as vu à l'œuvre, n'est-ce pas qu'il était beau ?

— Je ne sais, dit Marguerite, car je regardais celui qu'il poursuivait.

— Et celui qu'il poursuivait s'appelle ?

— Tu ne prononceras pas son nom devant lui ?

— Non, je te le promets.

— Lerac de La Mole.

— Et comment le trouves-tu maintenant ?

— M. de la Mole?

— Non, M. de Coconnas ?

— Ma foi, dit Marguerite, j'avoue que je lui trouve...

Elle s'arrêta.

— Allons, allons, dit la duchesse, je vois que tu lui en veux de la blessure qu'il a faite à ton huguenot.

— Mais il me semble, reprit Marguerite en riant, que mon huguenot ne lui doit rien, et que la balafre avec laquelle il lui a souligné l'œil...

— Ils sont quittes alors, et nous pouvons les raccommoder. Envoie-moi ton blessé.

— Non, pas encore ; plus tard.

— Quand cela ?

— Quand tu auras prêté au tien une autre chambre.

— Laquelle donc ?

Marguerite regarda son amie, qui, après

un moment de silence, la regarda aussi et se mit à rire.

— Eh bien, soit! dit la duchesse. Ainsi donc, alliance plus que jamais ?

— Amitié sincère toujours, répondit la reine.

— Et le mot d'ordre, le signe de reconnaissance, si nous avons besoin l'une de l'autre ?

— Le triple nom de ton triple dieu : *Eros-Cupido-Amor.*

Et les deux femmes se quittèrent après s'être embrassées pour la seconde fois et s'être serré la main pour la vingtième.

CHAPITRE IV.

COMMENT IL Y A DES CLEFS QUI OUVRENT LES PORTES AUXQUELLES ELLES NE SONT PAS DESTINÉES.

La reine de Navarre, en rentrant au Louvre, trouva Gillonne dans une grande émotion. Madame de Sauve était venue en son absence. Elle avait apporté une clef que lui avait fait passer la reine-mère. Cette clef était celle de la chambre où était ren-

fermé Henri. Il était évident que la reine-
mère avait besoin, pour un dessein quelconque, que le Béarnais passât cette nuit
chez madame de Sauve.

Marguerite prit la clef, la tourna et la
retourna entre ses mains. Elle se fit rendre
compte des moindres paroles de madame
de Sauve, les pesa lettre par lettre dans
son esprit, et crut avoir compris le projet
de Catherine.

Elle prit une plume, de l'encre et écrivit
sur un papier :

« Au lieu d'aller ce soir chez madame de
» Sauve, venez chez la reine de Navarre.

» MARGUERITE. »

Puis elle roula le papier, l'introduisit

dans le trou de la clef et ordonna à Gillonne, dès que la nuit serait venue, d'aller glisser cette clef sous la porte du prisonnier.

Ce premier soin accompli, Marguerite pensa au pauvre blessé; elle ferma toutes les portes, entra dans le cabinet, et, à son grand étonnement, elle trouva La Mole revêtu de ses habits encore tout déchirés et tout tachés de sang.

En la voyant, il essaya de se lever; mais chancelant encore, il ne put se tenir debout et retomba sur le canapé dont on avait fait un lit.

— Mais qu'arrive-t-il donc, monsieur, demanda Marguerite, et pourquoi suivez-vous si mal les ordonnances de votre médecin? Je vous avais recommandé le repos, et voilà qu'au lieu de m'obéir vous faites tout le contraire de ce que j'ai ordonné.

— Oh, madame! dit Gillonne, ce n'est point ma faute. J'ai prié, supplié monsieur le comte de ne point faire cette folie; mais il m'a déclaré que rien ne le retiendrait plus long-temps au Louvre.

— Quitter le Louvre! dit Marguerite, en regardant avec étonnement le jeune homme, qui baissait les yeux; mais c'est impossible. Vous ne pouvez pas marcher; vous êtes pâle et sans force, on voit trembler vos genoux. Ce matin votre blessure de l'épaule a saigné encore.

— Madame, répondit le jeune homme, autant j'ai rendu grâce à Votre Majesté de m'avoir donné asile hier soir, autant je la supplie de vouloir bien me permettre de partir aujourd'hui.

— Mais, dit Marguerite étonnée, je ne sais comment qualifier une si folle résolution : c'est pire que de l'ingratitude.

— Oh, madame! s'écria La Mole en joignant les mains, croyez que, loin d'être ingrat, il y a dans mon cœur un sentiment de reconnaissance qui durera toute ma vie.

— Il ne durera pas long-temps, alors! dit Marguerite émue à cet accent, qui ne laissait pas de doute sur la sincérité des paroles; car ou vos blessures se rouvriront et vous mourrez de la perte du sang, ou l'on vous reconnaîtra comme huguenot et vous ne ferez pas cent pas dans la rue sans qu'on vous achève.

— Il faut pourtant que je quitte le Louvre, murmura La Mole.

— Il faut! dit Marguerite en le regardant de son regard limpide et profond; puis pâlissant légèrement : — Oh, oui! je comprends! dit-elle, pardon, monsieur! Il y a sans doute, hors du Louvre, une personne à qui votre absence donne de cruelles inquiétudes. C'est juste, monsieur de La Mole, c'est naturel, et je comprends cela. Que ne l'avez-vous dit tout de suite, ou plutôt comment n'y ai-je pas songé moi-même! C'est un devoir, quand on exerce l'hospitalité, de protéger les affections de son hôte comme on panse ses blessures, et de soigner l'âme comme on soigne le corps.

— Hélas, madame! répondit La Mole, vous vous trompez étrangement. Je suis presque seul au monde et tout à fait seul à Paris, où personne ne me connaît. Mon assassin est le premier homme à qui j'aie parlé dans cette ville, et Votre Majesté est la première femme qui m'y ait adressé la parole.

— Alors, dit Marguerite surprise, pourquoi voulez-vous donc vous en aller?

— Parce que, dit La Mole, la nuit passée Votre Majesté n'a pris aucun repos, et que cette nuit...

Marguerite rougit.

— Gillonne, dit-elle, voici la nuit venue, je crois qu'il est temps que tu ailles porter la clef.

Gillonne sourit et se retira.

— Mais, continua Marguerite, si vous

êtes seul à Paris, sans amis, comment ferez-vous ?

— Madame, j'en aurai bientôt; car, tandis que j'étais poursuivi; j'ai pensé à ma mère, qui était catholique; il m'a semblé que je la voyais glisser devant moi sur le chemin du Louvre, une croix à la main, et j'ai fait vœu, si Dieu me conservait la vie, d'embrasser la religion de ma mère. Dieu a fait plus que de me conserver la vie, madame; il m'a envoyé un de ses anges pour me la faire aimer.

— Mais vous ne pourrez marcher, avant d'avoir fait cent pas vous tomberez évanoui.

— Madame, je me suis essayé aujourd'hui dans le cabinet ; je marche lentement et avec souffrance, c'est vrai ; mais que j'aille seulement jusqu'à la place du

Louvre; une fois dehors, il arrivera ce qu'il pourra.

Marguerite appuya sa tête sur sa main et réfléchit profondément.

— Et le roi de Navarre, dit-elle avec intention, vous ne m'en parlez plus. En changeant de religion avez-vous donc perdu le désir d'entrer à son service?

— Madame, répondit La Mole en pâlissant, vous venez de toucher à la véritable cause de mon départ... Je sais que le roi de Navarre court les plus grands dangers et que tout le crédit de Votre Majesté comme fille de France suffira à peine à sauver sa tête.

— Comment, monsieur ! demanda Marguerite; que voulez-vous dire et de quels dangers me parlez-vous?

— Madame, répondit La Mole en hésitant, on entend tout du cabinet où je suis placé.

— C'est vrai, murmura Marguerite pour elle seule, M. de Guise me l'avait déjà dit.

Puis tout haut :

— Eh bien, ajouta-t-elle, qu'avez-vous donc entendu?

— Mais d'abord la conversation que Votre Majesté a eue ce matin avec son frère.

— Avec François? s'écria Marguerite en rougissant.

— Avec le duc d'Alençon, oui, madame, puis ensuite, après votre départ, celle de mademoiselle Gillonne avec madame de Sauve.

— Et ce sont ces deux conversations?...

— Oui, madame. Mariée depuis huit jours à peine, vous aimez votre époux. Votre époux viendra à son tour comme sont venus M. le duc d'Alençon et madame de Sauve. Il vous entretiendra de ses secrets. Eh bien, je ne dois pas les entendre; je serais indiscret... et je ne puis pas... je ne dois pas... surtout je ne veux pas l'être !

Au ton que La Mole mit à prononcer ces derniers mots, au trouble de sa voix, à l'embarras de sa contenance, Marguerite fut illuminée d'une révélation subite.

— Ah! dit-elle, vous avez entendu de ce cabinet tout ce qui a été dit dans cette chambre jusqu'à présent?

— Oui, madame.

Ces mots furent soupirés à peine.

— Et vous voulez partir cette nuit, ce soir, pour n'en pas entendre davantage?

— A l'instant même, madame! s'il plaît à Votre Majesté de me le permettre.

— Pauvre enfant! dit Marguerite avec un singulier accent de douce pitié.

Étonné d'une réponse si douce lorsqu'il s'attendait à quelque brusque riposte, La Mole leva timidement la tête; son regard rencontra celui de Marguerite et demeura rivé comme par une puissance magnétique sur le limpide et profond regard de la reine.

— Vous vous sentez donc incapable de garder un secret, monsieur de La Mole? dit doucement Marguerite, qui, penchée sur le dossier de son siége, à moitié cachée par l'ombre d'une tapisserie épaisse, jouissait du bonheur de lire couramment dans cette âme en restant impénétrable elle-même.

— Madame, dit La Mole, je suis d'une misérable nature, je me défie de moi-même, et le bonheur d'autrui me fait mal.

— Le bonheur de qui? dit Marguerite en souriant; ah! oui, le bonheur du roi de Navarre! Pauvre Henri!

— Vous voyez bien qu'il est heureux, madame! s'écria vivement La Mole.

— Heureux?...

— Oui, puisque Votre Majesté le plaint.

Marguerite chiffonnait la soie de son aumônière et en effilait les torsades d'or.

— Ainsi, vous refusez de voir le roi de Navarre, dit-elle, c'est arrêté, c'est décidé dans votre esprit?

— Je crains d'importuner Sa Majesté en ce moment.

— Mais le duc d'Alençon, mon frère?

— Oh, madame! s'écria La Mole, M. le duc d'Alençon, non, non, moins encore M. le duc d'Alençon que le roi de Navarre.

— Parce que?... demanda Marguerite émue au point de trembler en parlant.

—Parce que, quoique déjà trop mauvais huguenot pour être serviteur bien dévoué de Sa Majesté le roi de Navarre, je ne suis pas encore assez bon catholique pour être des amis de M. d'Alençon et de M. de Guise.

Cette fois ce fut Marguerite qui baissa les yeux et qui sentit le coup vibrer au plus profond de son cœur, elle n'eût pas su dire si le mot de La Mole était pour elle caressant ou douloureux.

En ce moment Gillonne rentra. Margueguerite l'interrogea d'un coup d'œil. La réponse de Gillonne, renfermée aussi dans un regard, fut affirmative. Elle était parvenue à faire passer la clef au roi de Navarre.

Marguerite ramena ses yeux sur La Mole, qui demeurait devant elle indécis, la tête penchée sur sa poitrine, et pâle comme l'est un homme qui souffre à la fois du corps et de l'âme.

— Monsieur de La Mole est fier, dit-elle, et j'hésite à lui faire une proposition qu'il refusera sans doute.

La Mole se leva, fit un pas vers Marguerite et voulut s'incliner devant elle en signe qu'il était à ses ordres ; mais une douleur profonde, aiguë, brûlante, vint tirer des larmes de ses yeux, et, sentant qu'il allait tomber, il saisit une tapisserie, à laquelle il se soutint.

— Voyez-vous, s'écria Marguerite en courant à lui et en le retenant dans ses bras, voyez-vous, monsieur, que vous avez encore besoin de moi!

Un mouvement à peine sensible agita les lèvres de La Mole.

— Oh, oui! murmura-t-il, comme de l'air que je respire, comme du jour que je vois!

En ce moment trois coups retentirent, frappés à la porte de Marguerite.

— Entendez-vous, madame? dit Gillonne effrayée.

— Déjà, murmura Marguerite.

— Faut-il ouvrir ?

— Attends. C'est le roi de Navarre peut-être.

— Oh, madame ! s'écria La Mole rendu fort par ces quelques mots, que la reine avait cependant prononcés à voix si basse qu'elle espérait que Gillonne seule les aurait entendus ; madame ! je vous en supplie à genoux, faites-moi sortir, — oui, — mort ou vif, madame ! — Ayez pitié de moi ! — Oh ! vous ne me répondez pas. Eh bien, je vais parler ! et quand j'aurai parlé, vous me chasserez, je l'espère.

— Taisez-vous, malheureux ! dit Marguerite, qui ressentait un charme infini à écouter les reproches du jeune homme; taisez-vous donc !

— Madame, reprit La Mole, qui ne trouvait pas sans doute dans l'accent de Marguerite cette rigueur à laquelle il s'attendait; madame, je vous le répète, on entend tout de ce cabinet. Oh! ne me faites pas mourir d'une mort que les bourreaux les plus cruels n'oseraient inventer.

— Silence! silence! dit Marguerite.

— Oh! madame, vous êtes sans pitié; vous ne voulez rien écouter, vous ne voulez rien entendre. Mais comprenez donc que je vous aim...

— Silence donc, puisque je vous le dis! interrompit Marguerite en appuyant sa main tiède et parfumée sur la bouche du jeune homme, qui la saisit entre ses deux mains et l'appuya contre ses lèvres.

— Mais... murmura La Mole.

— Mais, taisez-vous donc, enfant!

Qu'est-ce donc que ce rebelle qui ne veut pas obéir à sa reine!

Puis, s'élançant hors du cabinet, elle referma la porte, et s'adossant à la muraille en comprimant avec sa main tremblante les battements de son cœur :

— Ouvre, Gillonne! dit-elle.

Gillonne sortit de la chambre, et, un instant après, la tête fine, spirituelle et un peu inquiète du roi de Navarre souleva la tapisserie.

— Vous m'avez mandé, madame? dit le roi de Navarre à Marguerite.

— Oui, monsieur. Votre Majesté a reçu ma lettre?

— Et non sans quelque étonnement, je l'avoue! dit Henri en regardant autour de lui avec une défiance bientôt évanouie.

— Et non sans quelque inquiétude, n'est-ce pas, monsieur? ajouta Marguerite.

— Je vous l'avouerai, madame. Cependant, tout entouré que je suis d'ennemis acharnés et d'amis plus dangereux encore, peut-être, que mes ennemis, je me suis rappelé qu'un soir j'avais vu rayonner dans vos yeux le sentiment de la générosité, c'était le soir de nos noces; qu'un autre jour j'y avais vu briller l'étoile du courage, et, cet autre jour, c'était hier, jour fixé pour ma mort.

— Eh bien, monsieur? dit Marguerite en souriant tandis qu'Henri semblait vouloir lire jusqu'au fond de son cœur.

— Eh bien, madame! en songeant à tout cela, je me suis dit à l'instant même en lisant votre billet qui me disait de venir : — Sans amis, comme il est prisonnier, désarmé, le roi de Navarre n'a qu'un moyen de mourir avec éclat, d'une mort qu'enregistre l'histoire, c'est de mourir trahi par sa femme, et je suis venu.

— Sire, répondit Marguerite, vous changerez de langage quand vous saurez que tout ce qui se fait en ce moment est l'ouvrage d'une personne qui vous aime... et que vous aimez.

Henri recula presqu'à ces paroles, et son œil gris et perçant interrogea sous son sourcil noir la reine avec curiosité.

— Oh! rassurez-vous, sire! dit la reine en souriant; cette personne, je n'ai pas la prétention de croire que ce soit moi!

— Mais cependant, madame, dit Henri,

c'est vous qui m'avez fait tenir cette clef;
cette écriture, c'est la vôtre.

— Cette écriture est la mienne, je l'avoue; ce billet vient de moi, je ne le nie pas. Quant à cette clef, c'est autre chose. Qu'il vous suffise de savoir qu'elle a passé entre les mains de quatre femmes avant d'arriver jusqu'à vous.

— De quatre femmes! s'écria Henri avec étonnement.

— Oui, entre les mains de quatre femmes, dit Marguerite : entre les mains de la reine-mère, entre les mains de madame de Sauve, entre les mains de Gillonne, et entre les miennes.

Henri se mit à méditer cette énigme.

— Parlons raison, maintenant, monsieur, dit Marguerite, et surtout parlons franc. Est-il vrai, comme c'est aujourd'hui le bruit public, que Votre Majesté consente à abjurer?

— Ce bruit public se trompe, madame, je n'ai pas encore consenti.

— Mais vous êtes décidé, cependant?

— C'est-à-dire, je me consulte. Que voulez vous! quand on a vingt ans, et qu'on est à peu près roi, ventre saint-gris, il y a des choses qui valent bien une messe.

— Et entre autres choses la vie, n'est-ce pas?

Henri ne put réprimer un léger sourire.

— Vous ne me dites pas toute votre pensée, sire? dit Marguerite.

— Je fais des réserves pour mes alliés, madame; car, vous le savez, nous ne sommes encore qu'alliés : si vous étiez à la fois mon alliée... et...

— Et votre femme, n'est-ce pas, sire?

— Ma foi, oui... et ma femme.

— Alors?

— Alors, peut-être serait-ce différent; et peut-être tiendrais-je à rester roi des huguenots, comme ils disent... Maintenant... il faut que je me contente de vivre.

Marguerite regarda Henri d'un air si étrange qu'il eût éveillé les soupçons d'un esprit moins délié que ne l'était celui du roi de Navarre.

— Et êtes-vous sûr, au moins, d'arriver à ce résultat? dit-elle.

— Mais à peu près, dit Henri; vous savez qu'en ce monde, madame, on n'est jamais sûr de rien.

— Il est vrai, reprit Marguerite, que Votre Majesté annonce tant de modération et professe tant de désintéressement, qu'après avoir renoncé à sa couronne, après avoir renoncé à sa religion, elle renoncera probablement, on en a l'espoir du moins, à son alliance avec une fille de France.

Ces mots portaient avec eux une si profonde signification que Henri en frissonna malgré lui. Mais domptant cette émotion avec la rapidité de l'éclair :

— Daignez vous souvenir, madame, qu'en ce moment je n'ai point mon libre arbitre. Je ferai donc ce que m'ordonnera le roi de France. Quant à moi, si l'on me consultait le moins du monde dans cette question où il ne va de rien moins que de mon trône, de mon honneur et de ma vie, plutôt que d'asseoir mon avenir sur les droits que me donne notre mariage forcé, j'aimerais mieux m'ensevelir chasseur dans quelque château, pénitent dans quelque cloître.

Ce calme résigné à sa situation, cette renonciation aux choses de ce monde effrayèrent Marguerite. Elle pensa que peut-être cette rupture de mariage était convenue entre Charles IX, Catherine et le roi de Navarre. Pourquoi, elle aussi, ne la prendrait-on pas pour dupe ou pour victime, parce qu'elle était sœur de l'un et fille de l'autre? L'expérience lui avait appris que ce n'était point là une raison sur laquelle elle pût fonder sa sécurité. L'ambition donc mordit au cœur la jeune femme, ou plutôt la jeune reine trop au-dessus des faiblesses vulgaires pour se laisser entraîner à un dépit d'amour-propre : chez toute femme, même médiocre, lorsqu'elle aime, l'amour n'a point de ces misères, car l'amour véritable est aussi une ambition.

— Votre Majesté, dit Marguerite avec une sorte de dédain railleur, n'a pas grande confiance, ce me semble, dans l'étoile qui rayonne au-dessus du front de chaque roi?

— Ah! dit Henri, c'est que j'ai beau chercher la mienne en ce moment, je ne puis la voir, cachée qu'elle est dans l'orage qui gronde sur moi à cette heure.

— Et si le souffle d'une femme écartait cet orage, et faisait cette étoile aussi brillante que jamais?

— C'est bien difficile, dit Henri.

— Niez-vous l'existence de cette femme, monsieur?

—Non, seulement je nie son pouvoir.

— Vous voulez dire sa volonté?

— J'ai dit son pouvoir, et je répète le mot. La femme n'est puissante réellement que lorsque l'amour et l'intérêt sont réunis chez elle à un degré égal; si l'un de ces deux sentiments la préoccupe seul, comme Achille, elle est vulnérable. Or, cette femme, si je ne m'abuse, je ne puis pas compter sur son amour.

Marguerite se tut.

— Écoutez, continua Henri, au dernier tintement de la cloche de Saint-Germain-l'Auxerrois vous avez dû songer à reconquérir votre liberté, qu'on avait mise en gage pour détruire ceux de mon parti. Moi, j'ai dû songer à sauver ma vie. C'était le plus pressé... Nous y perdons la Navarre, je le sais bien. Mais c'est peu de chose que la Navarre en comparaison de la liberté qui vous est rendue de pouvoir parler haut dans votre chambre, ce que vous n'osiez pas faire quand vous aviez quelqu'un qui vous écoutait de ce cabinet.

Quoiqu'au plus fort de sa préoccupation, Marguerite ne put s'empêcher de sourire. Quant au roi de Navarre, il s'était déjà levé pour regagner son appartement; car depuis quelque temps onze heures étaient sonnées, et tout dormait ou du moins semblait dormir dans le Louvre.

Henri fit trois pas vers la porte; puis s'arrêtant tout à coup comme s'il se rappelait seulement à cette heure la circonstance qui l'avait amené chez la reine :

— A propos, madame, dit-il, n'avez-vous point à me communiquer certaines choses; ou ne vouliez-vous que m'offrir l'occasion de vous remercier du répit que votre brave présence dans le cabinet des armes du roi m'a donné hier ? en vérité, madame, il était temps, je ne puis le nier, et vous êtes descendue sur le lieu de la scène comme la divinité antique, juste à point pour me sauver la vie.

— Malheureux, s'écria Marguerite d'une voix sourde, et saississant le bras de son mari : Comment donc ne voyez-vous pas que rien n'est sauvé au contraire, ni votre liberté, ni votre couronne, ni votre vie!... Aveugle! fou! pauvre fou! Vous n'avez pas vu dans ma lettre autre chose, n'est-ce pas, qu'un rendez-vous; vous avez cru que Marguerite, outrée de vos froideurs, désirait une réparation?

— Mais, madame, dit Henri étonné, j'avoue...

Marguerite haussa les épaules avec une expression impossible à rendre.

Au même instant un bruit étrange comme un grattement aigu et pressé retentit à la petite porte dérobée.

Marguerite entraîna le roi du côté de cette petite porte.

— Écoutez, dit-elle.
— La reine-mère sort de chez elle, murmura une voix saccadée par la terreur et que Henri reconnut à l'instant même pour celle de madame de Sauve.

— Et où va-t-elle? demanda Marguerite.

— Elle vient chez Votre Majesté.

Et aussitôt le frôlement d'une robe de soie prouva, en s'éloignant, que madame de Sauve s'enfuyait.

— Oh! oh! s'écria Henri.

— J'en étais sûre, dit Marguerite.

— Et moi je le craignais, dit Henri, et la preuve, voyez.

Alors d'un geste rapide il ouvrit son pourpoint de velours noir, et sur sa poitrine fit voir à Marguerite une fine tunique de mailles d'acier et un long poignard de Milan qui brilla aussitôt à sa main comme une vipère au soleil.

— Il s'agit bien ici de fer et de cuirasse, s'écria Marguerite ; allons, sire, allons, cachez cette dague : c'est la reine-mère, c'est vrai ; mais c'est la reine-mère toute seule.

— Cependant...

— C'est elle, je l'entends, silence !

Et se penchant à l'oreille de Henri elle lui dit à voix basse quelques mots que le jeune roi écouta avec une attention mêlée d'étonnement. — Aussitôt Henri se déroba derrière les rideaux du lit.

De son côté, Marguerite bondit avec l'agilité d'une panthère vers le cabinet où La Mole attendait en frissonnant, l'ouvrit, chercha le jeune homme, et lui prenant lui serrant la main dans l'obscurité :

—Silence ! lui dit-elle en s'approchant si près de lui qu'il sentit son souffle tiéde et embaumé couvrir son visage d'une moite vapeur, silence !

Puis, rentrant dans sa chambre et refermant la porte, elle détacha sa coiffure, coupa avec son poignard tous les lacets de sa robe et se jeta dans le lit.

Il était temps, la clef tournait dans la serrure. Catherine avait des passe-partout pour toutes les portes du Louvre.

— Qui est là? s'écria Marguerite tandis que Catherine consignait à la porte une garde de quatre gentilshommes qui l'avait accompagnée.

Et, comme si elle eût été effrayée de cette brusque irruption dans sa chambre, Marguerite, sortant de dessous les rideaux en peignoir blanc, sauta à bas du lit, et, reconnaissant Catherine, vint avec une surprise trop bien imitée pour que la Florentine elle-même n'en fût pas dupe baiser la main de sa mère.

CHAPITRE V.

SECONDE NUIT DES NOCES.

La reine-mère promena son regard autour d'elle avec une merveilleuse rapidité. Des mules de velours au pied du lit, les habits de Marguerite épars sur les chaises, ses yeux qu'elle frottait pour en chasser le sommeil, convainquirent Catherine qu'elle avait réellement réveillé sa fille.

Alors elle sourit comme une femme qui a réussi dans ses projets, et tirant un fauteuil :

— Asseyons-nous, Marguerite, dit-elle, et causons.

— Madame, je vous écoute.

— Il est temps, dit Catherine, en fermant les yeux avec cette lenteur particulière aux gens qui réfléchissent ou qui dissimulent profondément; il est temps, ma fille, que vous compreniez combien votre frère et moi aspirons à vous rendre heureuse.

L'exorde était effrayant pour qui connaissait Catherine.

— Que va-t-elle me dire ? pensa Marguerite.

— Certes, en vous mariant, continua la Florentine, nous avons accompli un de ces actes de politique commandés souvent par de graves intérêts à ceux qui gouvernent. Mais, il le faut avouer, ma pauvre enfant, nous ne pensions pas que la répugnance du roi de Navarre, pour vous si jeune, si belle et si séduisante, demeurerait opiniâtre à ce point.

Marguerite se leva, et fit, en croisant sa robe de nuit, une cérémonieuse révérence à sa mère.

— J'apprends de ce soir seulement, dit Catherine, car sans cela je vous eusse visitée plus tôt, j'apprends que votre mari est loin d'avoir pour vous les égards qu'on doit non-seulement à une jolie femme, mais encore à une fille de France.

Marguerite poussa un soupir, et Catherine, encouragée par cette muette adhésion, continua :

— En effet, que le roi de Navarre entretienne publiquement une de mes filles, qu'il l'adore jusqu'au scandale, qu'il fasse mépris pour cet amour de la femme qu'on a bien voulu lui accorder, c'est un malheur auquel nous ne pouvons remédier, nous autres pauvres tout-puissants, mais que punirait le moindre gentilhomme de notre royaume en appelant son gendre ou en le faisant appeler par son fils.

Marguerite baissa la tête.

— Depuis assez long-temps, continua Catherine, je vois, ma fille, à vos yeux rougis, à vos amères sorties contre la Sauve, que la plaie de votre cœur ne peut, malgré vos efforts, toujours saigner en dedans.

Marguerite tressaillit : un léger mouvement avait agité les rideaux; mais heureusement Catherine ne s'en était pas aperçue.

— Cette plaie, dit-elle en redoublant d'affectueuse douceur, cette plaie, mon enfant, c'est à la main d'une mère qu'il appartient de la guérir. Ceux qui, en croyant faire votre bonheur, ont décidé votre mariage, et qui, dans leur sollicitude pour vous, remarquent que chaque nuit Henri de Navarre se trompe d'appartement; ceux qui ne peuvent permettre qu'un roitelet comme lui offense à tout instant une femme de votre beauté, de votre rang et de votre mérite, par le dédain de votre personne et la négligence de sa postérité; ceux qui voient enfin qu'au premier vent qu'il croira favorable cette folle et insolente tête tournera contre notre famille et vous expulsera de sa maison; ceux-là n'ont-ils pas le droit d'assurer, en le séparant du sien, votre avenir d'une façon à la fois plus digne de vous et de votre condition?

— Cependant, madame, répondit Marguerite, malgré ces observations tout empreintes d'amour maternel, et qui me comblent de joie et d'honneur, j'aurai la hardiesse de représenter à Votre Majesté que le roi de Navarre est mon époux.

Catherine fit un mouvement de colère, et se rapprochant de Marguerite :

— Lui, dit-elle, votre époux! Suffit-il

donc pour être mari et femme que l'église vous ait bénis, et la consécration du mariage est-elle seulement dans les paroles du prêtre? Lui, votre époux! Eh! ma fille, si vous étiez madame de Sauve, vous pourriez me faire cette réponse. Mais tout au contraire de ce que nous attendions de lui, depuis que vous avez accordé à Henri de Navarre l'honneur de vous nommer sa femme, c'est à une autre qu'il en a donné les droits, et, en ce moment même, dit Catherine en haussant la voix, venez, venez avec moi, cette clef ouvre la porte de l'appartement de madame de Sauve, et vous verrez.

— Oh, plus bas, plus bas, madame! je vous prie, dit Marguerite, car non-seulement vous vous trompez, mais encore...

— Eh bien?

— Eh bien! vous allez réveiller mon mari.

A ces mots, Marguerite se leva avec une grâce toute voluptueuse, et laissant flotter entr'ouverte sa robe de nuit, dont les manches courtes laissaient à nu son bras, d'un modelé si pur, et sa main véritablement royale, elle approcha un flambeau de cire rosée du lit, et relevant le rideau, elle montra en souriant du doigt à sa mère le profil fier, les cheveux noirs et la bouche entr'ouverte du roi de Navarre, qui semblait, sur la couche en désordre, reposer du plus calme et du plus profond sommeil.

Pâle, les yeux hagards, le corps cambré en arrière comme si un abîme se fût ouvert sur ses pas, Catherine poussa, non pas un cri, mais un rugissement sourd.

— Vous voyez, madame, dit Marguerite, que vous étiez mal informée.

Catherine jeta un regard sur Marguerite, puis un autre sur Henri. Elle unit dans sa pensée active l'image de ce front pâle et moite, de ces yeux entourés d'un léger cercle de bistre, au sourire de Marguerite, et elle mordit ses lèvres minces avec une fureur silencieuse.

Marguerite permit à sa mère de contempler un instant ce tableau qui faisait sur elle l'effet de la tête de Méduse. Puis elle laissa retomber le rideau et, marchant sur la pointe du pied, elle revint près de Catherine; et, reprenant sa place sur sa chaise:

— Vous disiez donc, madame?

La Florentine chercha pendant quelques secondes à sonder cette naïveté de la jeune femme ; puis, comme si ses regards acérés se fussent émoussés sur le calme de Marguerite :

— Rien, dit-elle.

Et elle sortit à grands pas de l'appartement.

Aussitôt que le bruit des pas se fut assourdi dans la profondeur du corridor, le rideau du lit s'ouvrit de nouveau, et Henri, l'œil brillant, la respiration oppressée, la main tremblante, vint s'agenouiller devant Marguerite. Il était seulement vêtu de ses trousses et de sa cotte de mailles, de sorte qu'en le voyant ainsi affublé, Marguerite, tout en lui serrant la main de bon cœur, ne put s'empêcher d'éclater de rire.

— Ah, madame! ah, Marguerite! s'écria-t-il, comment m'acquitterai-je jamais envers vous!

Et il couvrait sa main de baisers, qui de la main montaient insensiblement aux bras de la jeune femme.

— Sire, dit-elle en se reculant tout doucement, oubliez-vous qu'à cette heure une pauvre femme, à laquelle vous devez la vie, souffre et gémit pour vous! Madame de Sauve, ajouta-t-elle tout bas, vous a fait le sacrifice de sa jalousie en vous envoyant près de moi, et peut-être, après vous avoir fait le sacrifice de sa jalousie, vous fait-elle celui de sa vie; car, vous le savez mieux que personne, la colère de ma mère est terrible.

Henri frissonna, et, se relevant, fit un mouvement pour sortir.

— Oh! mais, dit Marguerite avec une admirable coquetterie, je réfléchis et me rassure. La clef vous a été donnée sans indication, et vous serez censé m'avoir accordé ce soir la préférence.

— Et je vous l'accorde, Marguerite; consentez seulement à oublier...

— Plus bas, sire, plus bas, répliqua la reine parodiant les paroles que dix minutes auparavant elle venait d'adresser à sa mère; on vous entend du cabinet, et comme je ne suis pas encore tout à fait libre, sire, je vous prierai de parler moins haut.

— Oh, oh! dit Henri moitié riant, moitié assombri, c'est vrai! j'oubliais que ce n'est probablement pas moi qui suis destiné à jouer la fin de cette scène intéressante! Ce cabinet...

— Entrons-y, sire, dit Marguerite, car

je veux avoir l'honneur de présenter à Votre Majesté un brave gentilhomme blessé pendant le massacre en venant avertir jusque dans le Louvre Votre Majesté du danger qu'elle courait.

La reine s'avança vers la porte. Henri suivit sa femme. La porte s'ouvrit, et Henri demeura stupéfait en voyant un homme dans ce cabinet prédestiné aux surprises.

Mais La Mole fut plus surpris encore en se trouvant inopinément en face du roi de Navarre. Il en résulta que Henri jeta un coup d'œil ironique à Marguerite, qui le soutint à merveille.

— Sire, dit Marguerite, j'en suis réduite à craindre qu'on ne tue dans mon logis même ce gentilhomme, qui est dévoué au service de Votre Majesté et que je mets sous sa protection.

— Sire, reprit alors le jeune homme, je suis le comte Lérac de La Mole que Votre Majesté attendait et qui vous avait été recommandé par ce pauvre M. de Téligny, qui a été tué à mes côtés.

— Ah, ah! fit Henri, en effet, monsieur, et la reine m'a remis sa lettre; mais n'aviez-vous pas aussi une lettre de M. le gouverneur du Languedoc?

— Oui, sire, et recommandation de la remettre à Votre Majesté aussitôt mon arrivée.

— Pourquoi ne l'avez-vous pas fait?

— Sire, je me suis rendu au Louvre dans la soirée d'hier; mais Votre Majesté était tellement occupée qu'elle n'a pu me recevoir.

— C'est vrai, dit le roi ; mais vous eussiez pu, ce me semble, me faire passer cette lettre ?

— J'avais ordre de la part de M. d'Auriac de ne la remettre qu'à Votre Majesté elle-même ; car elle contenait, m'a-t-il assuré, un avis si important qu'il n'osait le confier à un messager ordinaire.

— En effet, dit le roi en prenant et en lisant la lettre, c'était l'avis de quitter la cour et de me retirer en Béarn. M. d'Auriac était de mes bons amis quoique catholique, et il est probable que, comme gouverneur de province, il avait vent de ce qui s'est passé. Ventre-saint-gris, monsieur ! pourquoi ne m'avoir pas remis cette lettre il y a trois jours au lieu de ne me la remettre qu'aujourd'hui ?

— Parce que, ainsi que j'ai eu l'honneur de le dire à Votre Majesté, quelque diligence que j'aie faite, je n'ai pu arriver qu'hier.

— C'est fâcheux, c'est fâcheux! murmura le roi; car à cette heure nous serions en sûreté soit à La Rochelle, soit dans quelque bonne plaine avec deux à trois mille chevaux autour de nous.

— Sire, ce qui est fait est fait, dit Marguerite à demi-voix, et au lieu de perdre votre temps à récriminer sur le passé il s'agit de tirer le meilleur parti possible de l'avenir.

— A ma place, dit Henri avec son regard interrogateur, vous auriez donc encore quelque espoir, madame?

— Oui, certes, et je regarderais le jeu engagé comme une partie en trois points, dont je n'ai perdu que la première manche.

— Ah, madame! dit tout bas Henri, si j'étais sûr que vous fussiez de moitié dans mon jeu!

— Si j'avais voulu passer du côté de vos adversaires, répondit Marguerite, il me semble que je n'eusse point attendu si tard.

— C'est juste, dit Henri, je suis un ingrat, et, comme vous dites, tout peut encore se réparer aujourd'hui.

— Hélas, sire! répliqua La Mole, je souhaite à Votre Majesté toutes sortes de bonheurs; mais aujourd'hui nous n'avons plus M. l'amiral.

Henri se mit à sourire, de ce sourire de paysan matois que l'on ne comprit à la cour que le jour où il fut roi de France.

—Mais, madame, reprit-il en regardant La Mole avec attention, ce gentilhomme ne peut demeurer chez vous sans vous gêner infiniment et sans être exposé à de fâcheuses surprises. Qu'en ferez-vous ?

— Mais, sire, dit Marguerite, ne pourrions-nous le faire sortir du Louvre? Car en tous points je suis de votre avis.

— C'est difficile.

— Sire, M. de La Mole ne peut-il trouver un peu de place dans la maison de Votre Majesté?

—Hélas, madame! vous me traitez toujours comme si j'étais encore roi des huguenots et surtout comme si j'avais encore un peuple. Vous savez bien que je suis à moitié converti et que je n'ai plus de peuple du tout.

Une autre que Marguerite se fût empressée de répondre sur-le-champ : *Il* est catholique. Mais la reine voulait se faire demander par Henri ce qu'elle désirait obtenir de lui. Quant à La Mole, voyant cette réserve de sa protectrice et ne sachant encore où poser le pied sur le terrain glissant d'une cour aussi dangereuse que l'était celle de France, il se tut également.

— Mais, reprit Henri relisant la lettre apportée par La Mole, que me dit donc M. le gouverneur de Provence, que votre mère était catholique et que de là vient l'amitié qu'il vous porte?

—Et à moi, dit Marguerite, que me parliez-vous d'un vœu que vous avez fait, monsieur le comte, d'un changement de religion? Mes idées se brouillent à cet égard; aidez-moi donc, monsieur de La Mole? Ne s'agissait-il pas de quelque chose de semblable à ce que paraît désirer le roi?

— Hélas, oui! Mais Votre Majesté a si froidement accueilli mes explications à cet égard, reprit La Mole, que je n'ai point osé..

— C'est que tout cela ne me regardait aucunement, monsieur. Expliquez au roi, expliquez.

— Eh bien! qu'est-ce que ce vœu? demanda le roi.

— Sire, dit la Mole, poursuivi par des assassins, sans armes, presque mourant de mes deux blessures, il m'a semblé voir l'ombre de ma mère me guidant vers le Louvre une croix à la main. Alors j'ai fait vœu, si j'avais la vie sauve, d'adopter la religion de ma mère, à qui Dieu avait permis de sortir de son tombeau pour me servir de guide pendant cette horrible nuit. Dieu m'a conduit ici, sire. Je m'y vois sous la double protection d'une fille de France et du roi de Navarre. Ma vie a été sauvée miraculeusement; je n'ai donc qu'à accomplir mon vœu, sire. Je suis prêt à me faire catholique.

Henri fronça le sourcil. Le sceptique qu'il était comprenait bien l'abjuration par intérêt, mais il doutait fort de l'abjuration par la foi.

— Le roi ne veut pas se charger de mon protégé, pensa Marguerite.

La Mole cependant demeurait timide et gêné entre les deux volontés contraires,

Il sentait sans bien se l'expliquer le ridicule de sa position. Ce fut encore Marguerite qui, avec sa délicatesse de femme, le tira de ce mauvais pas.

— Sire, dit-elle, nous oublions que le pauvre blessé a besoin de repos. Moi-même je tombe de sommeil. Eh! tenez! il pâlit.

La Mole pâlissait en effet; mais c'étaient les dernières paroles de Marguerite qu'il avait entendues et interprétées qui le faisaient pâlir.

— Eh bien, madame! dit Henri, rien de plus simple; ne pouvons-nous laisser reposer M. de La Mole?

Le jeune homme adressa à Marguerite un regard suppliant, et, malgré la présence des deux Majestés, se laissa aller sur un siége, brisé de douleur et de fatigue.

Marguerite comprit tout ce qu'il y avait d'amour dans ce regard et de désespoir dans cette faiblesse.

— Sire, dit-elle, il convient à Votre Majesté de faire à ce jeune gentilhomme, qui a risqué sa vie pour son roi, puisqu'il accourait ici pour vous annoncer la mort de l'amiral et de Téligny, lorsqu'il a été blessé; il convient, dis-je, à Votre Majesté de lui faire un honneur dont il sera reconnaissant toute sa vie.

— Et lequel, madame? dit Henri. Commandez, je suis prêt.

— M. de La Mole couchera cette nuit aux pieds de Votre Majesté, qui couchera, elle, sur ce lit de repos. Quant à moi, avec la permission de mon auguste époux, ajouta Marguerite en souriant, je vais appeler Gillonne et me remettre au lit; car, je vous jure, sire, je ne suis pas celle de nous trois qui ait le moins besoin de repos.

Henri avait de l'esprit, peut-être un peu trop même : ses amis et ses ennemis le lui reprochèrent plus tard. Mais il comprit que celle qui l'exilait de la couche conjugale en avait acquis le droit par l'indifférence même qu'il avait manifestée pour elle : d'ailleurs, Marguerite venait de se venger de cette indifférence en lui sauvant la vie. Il ne mit donc pas d'amour-propre dans sa réponse.

— Madame, dit-il, si M. de La Mole était en état de passer dans mon appartement, je lui offrirais mon propre lit.

— Oui, reprit Marguerite ; mais votre appartement, à cette heure, ne vous peut protéger ni l'un ni l'autre, et la prudence veut que Votre Majesté demeure ici jusqu'à demain.

Et, sans attendre la réponse du roi, elle appela Gillonne, fit préparer les coussins pour le roi, et aux pieds du roi un lit pour La Mole, qui semblait si heureux et si satisfait de cet honneur, qu'on eût juré qu'il ne sentait plus ses blessures.

Quant à Marguerite, elle tira au roi une cérémonieuse révérence ; et, rentrée dans sa chambre bien verrouillée de tous côtés, elle s'étendit dans son lit.

— Maintenant, se dit Marguerite à elle-même, il faut que demain M. de La Mole ait un protecteur au Louvre, et tel fait ce soir la sourde oreille qui demain se repentira.

Puis elle fit signe à Gillonne, qui attendait ses derniers ordres, de venir les recevoir.

Gillonne s'approcha.

— Gillonne, lui dit-elle tout bas, il faut que demain, sous un prétexte quelconque, mon frère le duc d'Alençon ait envie de venir ici avant huit heures du matin.

Deux heures sonnaient au Louvre.

La Mole causa un instant politique avec le roi, qui peu à peu s'endormit, et bientôt ronfla aux éclats, comme s'il eût été couché dans son lit de cuir de Béarn.

La Mole eût peut-être dormi comme le

roi ; mais Marguerite ne dormait pas, elle: elle se tournait et se retournait dans son lit, et ce bruit troublait les idées et le sommeil du jeune homme.

— Il est bien jeune, murmurait Marguerite au milieu de son insomnie, il est bien timide ; peut-être même, il faudra voir cela, peut-être même sera-t-il ridicule; de beaux yeux cependant... une taille bien prise, beaucoup de charmes ; mais s'il allait ne pas être brave !... Il fuyait... il abjure... c'est fâcheux, le rêve commençait bien ; allons... Laissons aller les choses et rapportons-nous-en au triple Dieu de cette folle Henriette.

Et vers le jour Marguerite finit enfin par s'endormir en murmurant : *Eros, Cupido, Amor.*

CHAPITRE VI.

CE QUE FEMME VEUT DIEU LE VEUT.

Marguerite ne s'était pas trompée : la colère amassée au fond du cœur de Catherine par cette comédie, dont elle voyait l'intrigue sans avoir la puissance de rien changer au dénoûment, avait besoin de déborder sur quelqu'un. Au lieu de rentrer chez elle, la reine-mère monta directement chez sa dame d'atour.

Madame de Sauve s'attendait à deux visites : elle espérait celle de Henri, elle craignait celle de la reine-mère. Au lit, à moitié vêtue, tandis que Dariole veillait dans l'antichambre, elle entendit tourner une clef dans la serrure, puis s'approcher des pas lents et qui eussent paru lourds s'ils n'eussent pas été assourdis par d'épais tapis. Elle ne reconnut point là la marche légère et empressée de Henri, elle se douta qu'on empêchait Dariole de la venir avertir; et, appuyée sur sa main, l'oreille et l'œil tendus, elle attendit.

La portière se leva, et la jeune femme frissonnante vit paraître Catherine de Médicis.

Catherine semblait calme; mais madame de Sauve, habituée à l'étudier depuis deux ans, comprit tout ce que ce calme apparent cachait de sombres préoccupations et peut-être de cruelles vengeances.

Madame de Sauve, en apercevant Catherine, voulut sauter en bas de son lit; mais Catherine leva le doigt pour lui faire signe de rester, et la pauvre Charlotte demeura clouée à sa place, amassant intérieurement toutes les forces de son âme pour faire face à l'orage qui se préparait silencieusement.

— Avez-vous fait tenir la clef au roi de Navarre? demanda Catherine sans que l'accent de sa voix indiquât aucune altération, seulement ces paroles étaient prononcées avec des lèvres de plus en plus blémissantes.

— Oui, madame... répondit Charlotte d'une voix qu'elle tentait inutilement de rendre aussi assurée que l'était celle de Catherine.

— Et vous l'avez vu?

— Qui? demanda madame de Sauve.

— Le roi de Navarre?

— Non, madame; mais je l'attends et j'avais même cru, en entendant tourner une clef dans la serrure, que c'était lui qui venait.

A cette réponse qui annonçait dans madame de Sauve ou une parfaite confiance ou une suprême dissimulation, Catherine ne put retenir un léger frémissement. Elle crispa sa main grasse et courte.

— Et cependant tu savais bien, direlle avec son méchant sourire, tu savais bien, Carlotta, que le roi de Navarre ne viendrait point cette nuit.

— Moi, madame, je savais cela! s'écria Charlotte avec un accent de surprise parfaitement jouée.

— Oui, tu le savais.

— Pour ne point venir, reprit la jeune femme frissonnante à cette seule supposition, il faut donc qu'il soit mort.

Ce qui donnait à Charlotte le courage de mentir ainsi, c'était la certitude qu'elle avait d'une terrible vengeance dans le cas où sa petite trahison serait découverte.

— Mais tu n'as donc pas écrit au roi de Navarre, Carlotta mia? demanda Catherine avec ce même rire silencieux et cruel.

— Non, madame, répondit Charlotte avec un admirable accent de naïveté, Votre Majesté ne me l'avait pas dit, ce me semble.

Il se fit un moment de silence pendant lequel Catherine regarda madame de Sauve comme le serpent regarde l'oiseau qu'il veut fasciner.

— Tu te crois belle, dit alors Catherine ; tu te crois adroite, n'est-ce pas ?

— Non, madame, répondit Charlotte, je sais seulement que Votre Majesté a été parfois d'une bien grande indulgence pour moi quand il s'agissait de mon adresse et de ma beauté.

— Eh bien, dit Catherine en s'animant, tu te trompais si tu as cru cela, et moi je mentais si je te l'ai dit, tu n'es qu'une sotte et qu'une laide près de ma fille Margot.

— Oh, ceci, madame, c'est vrai! dit Charlotte, et je n'essaierai pas même de le nier, surtout à vous.

— Aussi, continua Catherine, le roi de Navarre te préfère-t-il de beaucoup ma fille, et ce n'était pas ce que tu voulais, je crois, ni ce dont nous étions convenues.

— Hélas, madame! dit Charlotte éclatant cette fois en sanglots sans qu'elle eût besoin de se faire aucune violence; si cela est ainsi, je suis bien malheureuse.

— Cela est, dit Catherine en enfonçant comme un double poignard le double rayon de ses yeux dans le cœur de madame de Sauve.

— Mais qui peut vous le faire croire? demanda Charlotte.

— Descends chez la reine de Navarre, pazza! et tu y trouveras ton amant.

— Oh! fit madame de Sauve.

Catherine haussa les épaules.

— Es-tu jalouse, par hasard? demanda la reine-mère.

— Moi? dit madame de Sauve rappelant à elle toute sa force prête à l'abandonner.

— Oui, toi! je serais curieuse de voir une jalousie de Française.

— Mais, dit madame de Sauve, comment Votre Majesté veut-elle que je sois jalouse autrement que d'amour-propre ; je n'aime le roi de Navarre qu'autant qu'il le faut pour le service de Votre Majesté !

Catherine la regarda un moment avec des yeux rêveurs.

— Ce que tu me dis là peut, à tout prendre, être vrai, murmura-t-elle.

— Votre Majesté lit dans mon cœur.

— Et ce cœur m'est tout dévoué ?

— Ordonnez, madame, et vous en jugerez.

— Eh bien, puisque tu te sacrifies à mon service, Carlotta, il faut pour mon service toujours que tu sois très-éprise du roi de Navarre, et très-jalouse surtout, jalouse comme une Italienne.

— Mais, madame, demanda Charlotte,

de quelle façon une Italienne est-elle jalouse?

— Je te le dirai, reprit Catherine ; et, après avoir fait deux ou trois mouvements de tête de haut en bas, elle sortit silencieusement et lentement comme elle était entrée.

Charlotte, troublée par le clair regard de ces yeux dilatés comme ceux du chat et de la panthère, sans que cette dilatation lui fît rien perdre de sa profondeur, la laissa partir sans prononcer un seul mot, sans même laisser à son souffle la liberté de se faire entendre, et elle ne respira que lorsqu'elle eut entendu la porte se refermer derrière elle et que Dariole fut venue lui dire que la terrible apparition était bien évanouie.

— Dariole, lui dit-elle alors, traîne un fauteuil près de mon lit et passe la nuit dans ce fauteuil. Je t'en prie, car je n'oserais pas rester seule.

Dariole obéit; mais malgré la compagnie de sa femme de chambre qui restait près d'elle, malgré la lumière de la lampe qu'elle ordonna de laisser allumée pour plus grande tranquillité, madame de Sauve aussi ne s'endormit qu'au jour, tant bruissait à son oreille le métallique accent de la voix de Catherine.

Cependant, quoique endormie au moment où le jour commençait à paraître, Marguerite se réveilla au premier son des trompettes, aux premiers aboiements des chiens. Elle se leva aussitôt et commença de revêtir un costume si négligé qu'il en était prétentieux. Alors elle appela ses femmes, fit introduire dans son antichambre les gentilshommes du service ordinaire du roi de Navarre; puis, ouvrant la porte qui enfermait sous la même clef Henri et de La Mole, elle donna du regard un bonjour affectueux à ce dernier, et appelant son mari :

— Allons, sire, dit-elle, ce n'est pas le tout que d'avoir fait croire à madame ma mère ce qui n'est pas, il convient encore que vous persuadiez toute votre cour de la parfaite intelligence qui règne entre nous. Mais tranquillisez-vous, ajouta-t-elle en riant, et retenez bien mes paroles, que la circonstance fait presque solennelles : Aujourd'hui sera la dernière fois que je mettrai Votre Majesté à cette cruelle épreuve.

Le roi de Navarre sourit et ordonna qu'on introduisît ses gentilshommes.

Au moment où ils le saluaient, il fit semblant de s'apercevoir seulement que son manteau était resté sur le lit de la reine; il leur fit ses excuses de les recevoir ainsi, prit son manteau des mains de Marguerite rougissante, et l'agrafa sur son épaule. Puis, se retournant vers eux, il leur demanda des nouvelles de la ville et de la cour.

— Marguerite remarquait du coin de l'œil l'imperceptible étonnement que produisait sur le visage des gentilshommes cette intimité qui venait de se révéler entre le roi et la reine de Navarre, lorsqu'un huissier entra suivi de trois ou quatre gentilshommes, et annonçant le duc d'Alençon.

Pour le faire venir, Gillonne avait eu besoin de lui apprendre seulement que le roi avait passé la nuit chez sa femme.

François entra si rapidement, qu'il faillit, en les écartant, renverser ceux qui le précédaient. Son premier coup d'œil fut pour Henri. Marguerite n'eut que le second.

Henri lui répondit par un salut courtois. Marguerite composa son visage, qui exprima la plus parfaite sérénité.

D'un autre regard vague mais scrutateur, le duc embrassa alors toute la chambre; il vit le lit aux tapisseries dérangées, le double oreiller affaissé au chevet, le chapeau du roi jeté sur une chaise.

Il pâlit, mais se remettant sur-le-champ :

— Mon frère Henri, dit-il, venez-vous jouer ce matin à la paume avec le roi?

— Le roi me fait-il cet honneur de m'avoir choisi, demanda Henri, ou n'est-ce qu'une attention de votre part, mon beau-frère?

— Mais, non, le roi n'a point parlé de cela, dit le duc un peu embarrassé ; mais n'êtes-vous point de sa partie ordinaire?

Henri sourit, car il s'était passé tant et de si graves choses depuis la dernière partie qu'il avait faite avec le roi, qu'il n'y aurait rien eu d'étonnant à ce que Charles IX eût changé ses joueurs habituels.

— J'y vais, mon frère! dit Henri en souriant.

— Venez, reprit le duc.

— Vous vous en allez? demanda Marguerite.

— Oui, ma sœur.

— Vous êtes donc pressé?

— Très-pressé.

— Si cependant je réclamais de vous quelques minutes?

Une pareille demande était si rare dans la bouche de Marguerite, que son frère la regarda en rougissant et en pâlissant tour à tour.

— Que va-t-elle lui dire? pensa Henri non moins étonné que le duc d'Alençon.

Marguerite, comme si elle eût deviné la pensée de son époux, se retourna de son côté.

— Monsieur, dit-elle avec un charmant sourire, vous pouvez rejoindre Sa Majesté, si bon vous semble, car le secret que j'ai à révéler à mon frère est déjà connu de vous, puisque la demande que je vous ai adressée hier à propos de ce secret a été à peu près refusée par Votre Majesté. Je ne voudrais donc pas, continua Marguerite, fatiguer une seconde fois Votre Majesté par l'expression émise en face d'elle d'un désir qui a paru lui être désagréable.

— Qu'est-ce donc? demanda François en les regardant tous deux avec étonnement.

— Ah, ah! dit Henri en rougissant de dépit, je sais ce que vous voulez dire, madame. En vérité, je regrette de ne pas être plus libre. Mais si je ne puis donner à M. de La Mole une hospitalité qui ne lui offrirait aucune assurance, je n'en peux pas moins recommander après vous à mon frère d'Alençon la personne *à laquelle vous vous intéressez.* Peut-être même, ajouta-t-il pour donner plus de force encore aux mots que nous venons de souligner, peut-être même mon frère trouvera-t-il une idée qui vous permettra de garder M. de La Mole... ici... près de vous... ce qui serait mieux que tout, n'est-ce pas, madame?

— Allons, allons, se dit Marguerite en elle-même, à eux deux ils vont faire ce que ni l'un ni l'autre des deux n'eût fait tout seul.

Et elle ouvrit la porte du cabinet et en fit sortir le jeune blessé après avoir dit à Henri :

— C'est à vous, monsieur, d'expliquer à mon frère à quel titre nous nous intéressons à M. de La Mole.

En deux mots Henri, pris au trébuchet, raconta à M. d'Alençon, moitié protestant par opposition, comme Henri moitié catholique par prudence, l'arrivée de La Mole à Paris, et comment le jeune homme avait été blessé en venant lui apporter une lettre de M. d'Auriac.

Quand le duc se retourna, La Mole, sorti du cabinet, se tenait debout devant lui.

François, en l'apercevant si beau, si pâle, et par conséquent doublement séduisant par sa beauté et par sa pâleur, sentit naître une nouvelle terreur au fond de son âme.

Marguerite le prenait à la fois par la jalousie et par l'amour-propre.

— Mon frère, lui dit-elle, ce jeune gentilhomme, j'en réponds, sera utile à qui saura l'employer. Si vous l'acceptez pour vôtre, il trouvera en vous un maître puissant, et vous en lui un serviteur dévoué. En ces temps, il faut bien s'entourer, mon frère! surtout, ajouta-t-elle en baissant la voix de manière que le duc d'Alençon l'entendit seul, quand on est ambitieux et que l'on a le malheur de n'être que troisième fils de France.

Elle mit un doigt sur sa bouche pour indiquer à François que, malgré cette ouverture, elle gardait encore à part en elle-même une portion importante de sa pensée.

— Puis, ajouta-t-elle, peut-être trouverez-vous, tout au contraire de Henri, qu'il n'est pas séant que ce jeune homme demeure si près de mon appartement.

— Ma sœur, dit vivement François, monsieur de La Mole, si cela lui convient toutefois, sera dans une demi-heure installé dans mon logis, où je crois qu'il n'a rien à craindre. Qu'il m'aime et je l'aimerai.

François mentait, car au fond de son cœur il détestait déjà La Mole.

— Bien, bien... je ne m'étais donc pas trompée! murmura Marguerite, qui vit les sourcils du roi de Navarre se froncer. Ah! pour vous conduire l'un et l'autre, je vois qu'il faut vous conduire l'un par l'autre.

Puis complétant sa pensée :

—Allons, allons, continua-t-elle—bien, Marguerite, dirait Henriette.

En effet, une demi-heure après, La Mole, gravement catéchisé par Marguerite, baisait le bas de sa robe et montait, assez lestement pour un blessé, l'escalier qui conduisait chez M. d'Alençon.

Deux ou trois jours s'écoulèrent pendant lesquels la bonne harmonie parut se consolider de plus en plus entre Henri et sa femme. Henri avait obtenu de ne pas faire abjuration publique, mais il avait renoncé entre les mains du confesseur du roi et entendait tous les matins la messe qu'on disait au Louvre. Le soir il prenait ostensiblement le chemin de l'appartement de sa femme, entrait par la grande porte, causait quelques instants avec elle, puis sortait par la petite porte secrète et montait chez madame de Sauve, qui n'avait pas manqué de le prévenir de la visite de Catherine et du danger incontestable qui le menaçait. Henri, renseigné des deux côtés, redoublait donc de défiance à l'endroit de la reine-mère, et cela avec d'autant plus de raison qu'insensiblement la figure de Catherine commençait de se dérider. Henri en arriva même à voir éclore un matin sur ses lèvres pâles un sourire de bienveillance. Ce jour-là il eut toutes les peines du monde à se décider à manger autre chose que des œufs qu'il avait fait cuire lui-même, et à boire autre chose que de l'eau qu'il avait vu puiser à la Seine devant lui.

Les massacres continuaient, mais néanmoins allaient s'éteignant; on avait fait si grande tuerie des huguenots que le nombre en était fort diminué. La plus grande partie étaient morts; beaucoup avaient fui, quelques-uns étaient restés cachés. De temps en temps une grande clameur s'élevait dans un quartier ou dans un autre : c'était quand on avait découvert un de ceux-là. L'exécution alors était privée ou publique, selon que le malheureux était acculé dans quelque endroit sans issue ou pouvait fuir. Dans le dernier cas, c'était une grande joie pour le quartier où l'événement avait eu lieu : car au lieu de se calmer par l'extinction de leurs ennemis, les catholiques devenaient de plus en plus féroces; et moins il en restait, plus ils paraissaient acharnés après ces malheureux restes.

Charles IX avait pris grand plaisir à la chasse aux huguenots ; puis, quand il n'avait pas pu continuer de chasser lui-même, il s'était délecté au bruit des chasses des autres.

Un jour, en revenant de jouer au mail, qui était avec la paume et la chasse son plaisir favori, il entra chez sa mère le visage tout joyeux, suivi de ses courtisans habituels.

— Ma mère, dit-il en embrassant la Florentine, qui, remarquant cette joie, avait déjà essayé d'en deviner la cause ; ma mère, bonne nouvelle ! Mort de tous les diables ! savez-vous une chose ! c'est que l'illustre carcasse de M. l'amiral, que l'on croyait perdue, est retrouvée !

— Ah , ah ! dit Catherine.

— Oh ! mon Dieu oui ! Vous avez eu comme moi l'idée, n'est-ce pas, ma mère, que les chiens en avaient fait leurs repas de noce ! mais il n'en était rien. Mon peuple, mon cher peuple, mon bon peuple a eu une idée: il a pendu l'amiral au croc de Montfaucon.

De haut en bas Gaspard on a jeté,
Et puis de bas en haut on l'a monté.

— Eh bien? dit Catherine.

— Eh bien, ma bonne mère! reprit Charles IX, j'ai toujours eu l'envie de le revoir depuis que je sais qu'il est mort, le cher homme. Il fait beau. Tout me semble en fleurs aujourd'hui. L'air est plein de vie et de parfums, je me porte comme je ne me suis jamais porté. Si vous voulez, ma mère, nous monterons à cheval et nous irons à Montfaucon.

— Ce serait bien volontiers, mon fils, dit Catherine, si je n'avais pas donné un rendez-vous que je ne veux pas manquer; puis à une visite faite à un homme de l'importance de M. l'amiral, ajouta-t-elle, il faut convier toute la cour. Ce sera une occasion pour les observateurs de faire des observations curieuses. Nous verrons qui viendra et qui demeurera.

— Vous avez, ma foi! raison, ma mère! à demain la chose, cela vaut mieux! Ainsi, faites vos invitations, je ferai les miennes, ou plutôt nous n'inviterons personne. Nous dirons seulement que nous y allons; cela fait, tout le monde sera libre. Adieu, ma mère! je vais sonner du cor.

— Vous vous épuiserez, Charles! Ambroise Paré vous le dit sans cesse, et il a raison; c'est un trop rude exercice pour vous.

— Bah, bah, bah! dit Charles, je voudrais bien être sûr de ne mourir que de cela. J'enterrerais tout le monde ici et même Henriot, qui doit un jour nous succéder à tous, à ce que prétend Nostradamus.

Catherine fronça le sourcil.

— Mon fils, dit-elle, défiez-vous surtout des choses qui paraissent impossibles, et, en attendant, ménagez-vous.

— Deux ou trois fanfares seulement pour réjouir mes chiens, qui s'ennuient à crever, pauvres bêtes! j'aurais dû les lâcher sur le huguenot, cela les aurait réjouis.

Et Charles IX sortit de la chambre de sa mère, entra dans son cabinet d'armes, détacha un cor, en sonna avec une vigueur qui eût fait honneur à Roland lui-même. On ne pouvait pas comprendre comment de ce corps faible et maladif et de ces lèvres pâles pouvait sortir un souffle si puissant.

Catherine attendait en effet quelqu'un, comme elle l'avait dit à son fils. Un instant après qu'il fut sorti, une de ses femmes vint lui parler tout bas. La reine sourit, se leva, salua les personnes qui lui faisaient la cour et suivit la messagère.

Le Florentin René, celui auquel le roi de Navarre, le soir même de la Saint-Barthélemy, avait fait un accueil si diplomatique, venait d'entrer dans son oratoire.

— Ah, c'est vous, René! lui dit Catherine, je vous attendais avec impatience.

René s'inclina.

— Vous avez reçu hier le petit mot que je vous ai écrit?

— J'ai eu cet honneur.

—Avez-vous renouvelé, comme je vous le disais, l'épreuve de cet horoscope tiré par Ruggieri, et qui s'accorde si bien avec cette prophétie de Nostradamus qui dit que mes fils régneront tous trois?... Depuis quelques jours, les choses sont bien modifiées, René, et j'ai pensé qu'il était possible que les destinées fussent devenues moins menaçantes.

— Madame, répondit René en secouant la tête, Votre Majesté sait bien que les choses ne modifient pas la destinée; c'est la destinée, au contraire, qui gouverne les choses.

— Vous n'en avez pas moins renouvelé le sacrifice, n'est-ce pas?

— Oui, madame, répondit René, car vous obéir est mon premier devoir.

— Eh bien! le résultat?

— Est demeuré le même, madame.

— Quoi! l'agneau noir a toujours poussé ses trois cris?

— Toujours, madame.

— Signe de trois morts cruelles dans ma famille! murmura Catherine.

— Hélas! dit René.

— Mais ensuite?

— Ensuite, madame, il y avait dans ses entrailles cet étrange déplacement du foie que nous avons déjà remarqué dans les deux premiers, et qui penchait en sens inverse.

— Changement de dynastie. Toujours, toujours, toujours, grommela Catherine; il faudra cependant combattre cela, René! continua-t-elle.

René secoua la tête.

— Je l'ai dit à Votre Majesté, reprit-il, le destin gouverne.

— C'est ton avis? dit Catherine.

— Oui, madame.

— Te souviens-tu de l'horoscope de Jeanne d'Albret?

— Oui, madame.

— Redis-le un peu, voyons ; je l'ai oublié, moi.

— *Vives honorata*, dit René, *morieris reformidata, regina amplificabere.*

— Ce qui veut dire, je crois, répliqua Catherine, *tu vivras honorée*, et elle manquait du nécessaire, la pauvre femme ! *Tu mourras redoutée*, et nous nous sommes moqués d'elle. *Tu seras plus grande que tu n'as été comme reine*, et voilà qu'elle est morte et que sa grandeur repose dans un tombeau où nous avons oublié de mettre même son nom.

— Madame, Votre Majesté traduit mal le *vives honorata*. La reine de Navarre a vécu honorée, en effet; car elle a joui, tant qu'elle a vécu, de l'amour de ses enfants et du respect de ses partisans, amour et respect d'autant plus sincères qu'elle était plus pauvre.

— Oui, dit Catherine, je vous passe le *tu vivras heureuse ;* mais *morieris reformidata*, voyons, comment l'expliquerez-vous ?

— Comme je l'expliquerai! rien de plus facile. Tu mourras redoutée.

— Eh bien! est-elle morte redoutée?

— Si bien redoutée, madame, qu'elle ne fût pas morte si Votre Majesté n'en avait pas eu peur. Enfin, *comme reine tu grandiras,* ou *tu seras plus grande que tu n'as été comme reine;* ce qui est encore vrai, madame ; car en échange de la couronne périssable, elle a peut-être maintenant, comme reine et martyre, la couronne du ciel, et outre cela qui sait encore l'avenir réservé à sa race sur la terre ?

Catherine était superstitieuse à l'excès ; elle s'épouvanta plus encore peut-être du sang-froid de René que de cette persistance des augures ; et comme pour elle un mauvais pas était une occasion de franchir hardiment la situation, elle dit brusquement à René, et sans transition aucune que le travail muet de sa pensée :

— Est-il arrivé des parfums d'Italie?

— Oui, madame.

— Vous m'en enverrez un coffret garni.

— Desquels?

— Des derniers de ceux...

Catherine s'arrêta.

— De ceux qu'aimait particulièrement la reine de Navarre? reprit René.

— Précisément.

— Il n'est point besoin de les préparer, n'est-ce pas, madame? car Votre Majesté y est, à cette heure, aussi savante que moi.

— Tu trouves! dit Catherine; le fait est qu'ils réussissent.

— Votre Majesté n'a rien de plus à me dire? demanda le parfumeur.

— Non, non, reprit Catherine pensive ; je ne crois pas, du moins. Si toutefois il y avait du nouveau dans les sacrifices, faites-le moi savoir. A propos, laissons là les agneaux et essayons des poules.

— Hélas, madame! j'ai bien peur qu'en changeant la victime nous ne changions rien aux présages.

— Fais ce que je dis.

René salua et sortit.

Catherine resta un instant assise et pensive ; puis elle se leva à son tour et rentra dans sa chambre à coucher, où l'attendaient ses femmes et où elle annonça pour le lendemain le pèlerinage à Montfaucon.

La nouvelle de cette partie de plaisir fut

pendant toute la soirée le bruit du palais et la rumeur de la ville. Les dames firent préparer leurs toilettes les plus élégantes, les gentilshommes leurs armes et leurs chevaux d'apparat. Les marchands fermèrent boutiques et ateliers, et les flâneurs de la populace tuèrent par-ci par-là quelques huguenots épargnés pour la bonne occasion, afin d'avoir un accompagnement convenable à donner au cadavre de l'amiral.

Ce fut un grand vacarme pendant toute la soirée et pendant une bonne partie de la nuit.

La Mole avait passé la plus triste journée du monde, et cette journée avait succédé à trois ou quatre autres qui n'étaient pas moins tristes.

M. d'Alençon, pour obéir aux désirs de
Marguerite, l'avait installé chez lui, mais
ne l'avait point revu depuis. Il se sentait
tout à coup comme un pauvre enfant aban-
donné, privé des soins tendres, délicats
et charmants de deux femmes dont le souvenir seul de l'une dévorait incessamment
sa pensée. Il avait bien eu de ses nouvelles
par le chirurgien Ambroise Paré, qu'elle
lui avait envoyé; mais ces nouvelles, trans-
mises par un homme de cinquante ans,
qui ignorait ou feignait d'ignorer l'intérêt
que La Mole portait aux moindres choses
qui se rapportaient à Marguerite, étaient
bien incomplètes et bien insuffisantes. Il
est vrai que Gillonne était venue une fois
en son propre nom, bien entendu, et
pour savoir des nouvelles du blessé. Cette
visite avait fait l'effet d'un rayon de soleil

dans un cachot, et La Mole en était resté comme ébloui, attendant toujours une seconde apparition, laquelle, quoiqu'il se fût écoulé deux jours depuis la première, ne venait point.

Aussi, quand la nouvelle fut apportée au convalescent de cette réunion splendide de toute la cour pour le lendemain, fit-il demander à M. d'Alençon la faveur de l'accompagner.

Le duc ne se demanda pas même si La Mole était en état de supporter cette fatigue, il répondit seulement :

— A merveille ! qu'on lui donne un de mes chevaux.

C'était tout ce que désirait La Mole ; maître Ambroise Paré vint comme d'habitude pour le panser; La Mole lui exposa la nécessité où il était de monter à cheval et le pria de mettre un double soin à la pose des appareils. Les deux blessures, au reste, étaient refermées, celle de la poitrine comme celle de l'épaule, et celle de l'épaule seule le faisait souffrir. Toutes deux étaient vermeilles, comme il convient à des chairs en voie de guérison. Maitre Ambroise Paré les recouvrit d'un taffetas gommé, fort en vogue à cette époque pour ces sortes de cas, et promit à La Mole que, pourvu qu'il ne se donnât point trop de mouvement dans l'excursion qu'il allait faire, les choses iraient convenablement.

La Mole était au comble de la joie; à part une certaine faiblesse causée par la perte de sang et un léger étourdissement qui se rattachait à cette cause, il se sentait aussi bien qu'il pouvait être. D'ailleurs, Marguerite serait sans doute de cette cavalcade; il reverrait Marguerite; et lorsqu'il songeait au bien que lui avait fait la vue de Gillonne, il ne mettait point en doute l'efficacité bien plus grande de celle de sa maîtresse.

La Mole employa donc une partie de l'argent qu'il avait reçu en partant de sa famille à acheter le plus beau justaucorps de satin blanc et la plus riche broderie de manteau que lui pût procurer le tailleur à la mode. Le même lui fournit encore les bottes de cuir parfumé qu'on portait à cette époque; le tout lui fut apporté le matin, une demi-heure seulement après l'heure pour laquelle La Mole l'avait demandé, ce qui fait qu'il n'eut trop rien à dire. Il s'habilla rapidement, se regarda dans son miroir, se trouva assez convenablement vêtu, coiffé, parfumé, pour être satisfait de lui-même ; enfin il s'assura, par plusieurs tours faits rapidement dans sa chambre, qu'à part plusieurs douleurs assez vives le bonheur moral ferait taire les incommodités physiques.

Un manteau cerise de son invention, et taillé un peu plus long qu'on ne les portait alors, lui allait particulièrement bien.

Tandis que cette scène se passait au Louvre, une autre du même genre avait lieu à l'hôtel de Guise. Un grand gentilhomme à poil roux examinait devant une glace une raie rougeâtre qui lui traversait désagréablement le visage ; il peignait et parfumait sa moustache, et, tout en la parfumant, il étendait sur cette malheureuse raie, qui, malgré tous les cosmétiques en usage à cette époque, s'obstinait à reparaître; il étendait, dis-je, une triple couche de blanc et de rouge; mais, comme l'application était insuffisante, une idée lui vint: un ardent soleil, un soleil d'août dardait ses rayons dans la cour; il descendit dans cette cour, mit son chapeau à la main et, le nez en l'air et les yeux fermés, il se promena pendant dix minutes, s'exposant volontairement à cette flamme dévorante qui tombait par torrents du ciel.

Au bout de dix minutes, grâce à un coup de soleil de premier ordre, le gentilhomme était arrivé à avoir un visage si éclatant, que c'était la raie rouge qui maintenant n'était plus en harmonie avec le reste, et qui, par comparaison, paraissait jaune. Notre gentilhomme ne parut pas moins fort satisfait de cet arc-en-ciel qu'il rassortit de son mieux avec le reste du visage, grâce à une couche de vermillon qu'il étendit dessus ; après quoi il endossa un magnifique habit qu'un tailleur avait mis dans sa chambre avant qu'il n'eût demandé le tailleur.

Ainsi paré, musqué, armé de pied en cap, il descendit une seconde fois dans la cour, et se mit à caresser un grand cheval noir dont la beauté eût été sans égale, sans une petite coupure qu'à l'instar de celle de son maître, lui avait faite, dans une des dernières batailles civiles, un sabre de reître.

Néanmoins, enchanté de son cheval comme il l'était de lui-même, ce gentilhomme, que nos lecteurs ont sans doute reconnu sans peine, fut en selle un quart d'heure avant tout le monde, et fit retentir la cour de l'hôtel de Guise des hennissements de son coursier, auxquels répondaient, à mesure qu'il s'en rendait maître, des *mordi* prononcés sur tous les tons. Au bout d'un instant, le cheval, complétement dompté, reconnaissait, par sa souplesse et son obéissance, la légitime domination de son cavalier ; mais la victoire n'avait pas été remportée sans bruit, et ce bruit (c'était peut-être là-dessus que comptait notre gentilhomme), et ce bruit avait attiré aux vitres une dame que notre dompteur de chevaux salua profondément, et qui lui sourit de la façon la plus agréable.

Cinq minutes après, madame de Nevers faisait appeler son intendant.

— Monsieur, demanda-t-elle, a-t-on fait convenablement déjeuner M. le comte Annibal de Coconnas ?

— Oui, madame, répondit l'intendant ; il a même ce matin mangé de meilleur appétit encore que d'habitude.

— Bien, monsieur ! dit la duchesse.

— Puis se retournant vers son premier gentilhomme :

— Monsieur d'Arguzon, dit-elle, partons pour le Louvre et tenez l'œil, je vous prie, sur M. le comte Annibal de Coconnas, car il est blessé et, par conséquent, encore faible, et je ne voudrais pas, pour tout au monde, qu'il lui arrivât malheur. Cela ferait rire les huguenots, qui lui gardent rancune depuis cette bienheureuse soirée de la Saint-Barthélemy.

Et madame de Nevers, montant à cheval à son tour, partit toute rayonnante pour le Louvre, où était le rendez-vous général.

CHAPITRE VII.

LE CORPS D'UN ENNEMI MORT
SENT TOUJOURS BON.

Il était deux heures de l'après-midi lorsqu'une file de cavaliers reluisants d'or, de joyaux et d'habits splendides, apparut dans la rue Saint-Denis, débouchant à l'angle du cimetière des Innocents, et se déroulant au soleil entre les deux rangées de maisons sombres comme un immense reptile aux chatoyants anneaux.

Nulle troupe, si riche qu'elle soit, ne peut donner une idée de ce spectacle. Les habits soyeux, riches et éclatants, légués comme une mode splendide par François Ier à ses successeurs, ne s'étaient pas transformés encore dans ces vêtements étriqués et sombres qui furent de mise sous Henri III; de sorte que le costume de Charles IX, moins riche, mais peut-être plus élégant que ceux des époques précédentes, éclatait dans toute sa parfaite harmonie. De nos jours, il n'y a plus de point de comparaison possible avec un semblable cortége; car nous en sommes réduits, pour nos magnificences de parade, à la symétrie et à l'uniforme.

Pages, écuyers, gentilshommes de bas étage, chiens et chevaux marchant sur les flancs et en arrière, faisaient du cortége royal une véritable armée. Derrière cette armée venait le peuple, ou, pour mieux dire, le peuple était partout.

Le peuple suivait, escortait et précédait; il criait à la fois Noël et Haro ; car, dans le cortége, on distinguait plusieurs calvinistes ralliés, et le peuple a de la rancune.

C'était le matin, en face de Catherine et du duc de Guise, que Charles IX avait, comme d'une chose toute naturelle, parlé devant Henri de Navarre d'aller visiter le gibet de Montfaucon, ou plutôt le corps mutilé de l'amiral, qui y était pendu. Le premier mouvement de Henri avait été de se dispenser de prendre part à cette visite. C'était là où l'attendait Catherine. Aux premiers mots qu'il dit exprimant sa répugnance, elle échangea un coup d'œil et un sourire avec le duc de Guise. Henri surprit l'un et l'autre, les comprit, puis, se reprenant tout à coup :

— Mais, au fait, dit-il, pourquoi n'irais-je pas! Je suis catholique et je me dois à ma nouvelle religion.

Puis, s'adressant à Charles IX :

— Que Votre Majesté compte sur moi, lui dit-il, je serai toujours heureux de l'accompagner partout où elle ira.

Et il jeta autour de lui un coup d'œil rapide pour compter les sourcils qui se fronçaient.

Aussi celui de tout le cortége que l'on

regardait avec le plus de curiosité peut-être, était ce fils sans mère, ce roi sans royaume, ce huguenot fait catholique. Sa figure longue et caractérisée, sa tournure un peu vulgaire, sa familiarité avec ses inférieurs, familiarité qu'il portait à un degré presque inconvenant pour un roi, familiarité qui tenait aux habitudes montagnardes de sa jeunesse et qu'il conserva jusqu'à sa mort, le signalaient aux spectateurs, dont quelques-uns lui criaient :

— A la messe, Henriot, à la messe !

Ce à quoi Henri répondait;

— J'y ai été hier, j'en viens aujourd'hui, et j'y retournerai demain. Ventre-saint-gris ! il me semble cependant que c'est assez comme cela.

Quant à Marguerite, elle était à cheval, si belle, si fraîche, si élégante, que l'admiration faisait autour d'elle un concert dont quelques notes, il faut l'avouer, s'adressaient à sa compagne, madame la duchesse de Nevers, qu'elle venait de rejoindre, et dont le cheval blanc, comme s'il était fier du poids qu'il portait, secouait furieusement la tête.

— Eh bien, duchesse! dit la reine de Navarre, quoi de nouveau?

— Mais, madame, répondit tout haut Henriette, rien que je sache.

Puis tout bas :

— Et le huguenot, demanda-t-elle, qu'est-il devenu?

— Je lui ai trouvé une retraite à peu

près sûre, répondit Marguerite; et le grand massacreur de gens, qu'en as-tu fait?

— Il a voulu être de la fête; il monte le cheval de bataille de M. de Nevers, un cheval grand comme un éléphant. C'est un cavalier effrayant. Je lui ai permis d'assister à la cérémonie, parce que j'ai pensé que prudemment ton huguenot garderait la chambre et que de cette façon il n'y aurait pas de rencontre à craindre.

— Oh, ma foi! répondit Marguerite en souriant, fût-il ici, et il n'y est pas, je crois qu'il n'y aurait pas de rencontre pour cela. C'est un beau garçon que mon huguenot, mais pas autre chose : une colombe et non un milan; il roucoule, mais ne mord pas. Après tout, fit-elle avec un accent intraduisible et en haussant légèrement les épaules; après tout, peut-être l'avons-nous cru huguenot, tandis qu'il était brahme, et sa religion lui défend-elle de répandre le sang.

— Mais où donc est M. le duc d'Alençon? demanda Henriette, je ne l'aperçois point.

— Il doit rejoindre, il avait mal aux yeux ce matin et désirait ne pas venir; mais comme on sait que, pour ne pas être du même avis que son frère Charles et son frère Henri, il penche pour les huguenots, on lui a fait observer que le roi pourrait interpréter à mal son absence et il s'est décidé. Mais, justement, tiens, on regarde, on crie là-bas, c'est lui qui sera venu par la Porte-Montmartre.

— En effet, c'est lui-même, je le reconnais, dit Marguerite. En vérité, mais il a bon air aujourd'hui. Depuis quelque temps, il se soigne particulièrement : il faut qu'il soit amoureux. Voyez donc, comme c'est bon d'être prince du sang : il galope sur tout le monde, et tout le monde se range.

— En effet, dit en riant Marguerite, il va nous écraser, Dieu me pardonne! Mais faites donc ranger vos gentilshommes, duchesse! car en voici un qui, s'il ne se range pas, va se faire tuer.

— Eh, c'est mon intrépide! s'écria la duchesse, regarde donc, regarde.

Coconnas avait en effet quitté son rang pour se rapprocher de madame de Nevers; mais, au moment même où son cheval traversait l'espèce de boulevard extérieur qui séparait la rue du faubourg Saint-Denis, un cavalier de la suite du duc d'Alençon, essayant en vain de retenir son cheval emporté, alla en plein corps heurter Coconnas. Coconnas ébranlé vacilla sur sa colossale monture, son chapeau faillit tomber, il le retint et se retourna furieux.

— Dieu! dit Marguerite en se penchant à l'oreille de son amie, M. de La Mole!

— Ce beau jeune homme pâle? s'écria la duchesse incapable de maîtriser sa première impression.

— Oui, oui! celui-là même qui a failli renverser ton Piémontais.

— Oh, mais! dit la duchesse, il va se passer des choses affreuses! ils se regardent, ils se reconnaissent!

En effet, Coconnas, en se retournant,

avait reconnu la figure de La Mole; et, de surprise, il avait laissé échapper la bride de son cheval, car il croyait bien avoir tué son ancien compagnon, ou du moins l'avoir mis pour un certain temps hors de combat. De son côté, La Mole reconnut Coconnas et sentit un feu qui lui montait au visage. Pendant quelques secondes qui suffisaient à l'expression de tous les sentiments que couvaient ces deux hommes, ils s'étreignirent d'un regard qui fit frissonner les deux femmes. Après quoi La Mole, ayant regardé tout autour de lui, et ayant compris sans doute que le lieu était mal choisi pour une explication, piqua son cheval et rejoignit le duc d'Alençon. Coconnas resta un moment ferme à la même place, tordant sa moustache et en faisant remonter la pointe jusqu'à se crever l'œil ; après quoi, voyant que La Mole s'éloignait sans lui rien dire de plus, il se remit lui-même en route.

— Ah, ah! dit avec une dédaigneuse douleur Marguerite, je ne m'étais donc pas trompée... Oh! pour cette fois, c'est trop fort.

Et elle se mordit les lèvres jusqu'au sang.

— Il est bien joli, répondit la duchesse avec commisération.

Juste à ce moment le duc d'Alençon venait de reprendre sa place derrière le roi et la reine-mère, de sorte que ses gentils-hommes, en le rejoignant, étaient forcés de passer devant Marguerite et la duchesse de Nevers. La Mole, en passant à son tour devant les deux princesses, leva son chapeau, salua la reine en s'inclinant jusque sur le cou de son cheval, et demeura tête nue en attendant que Sa Majesté l'honorât d'un regard.

Mais Marguerite détourna fièrement la tête.

La Mole lut sans doute l'expression de dédain empreinte sur le visage de la reine, et de pâle qu'il était devint livide. De plus, pour ne pas choir de son cheval il fut forcé de se retenir à la crinière.

— Oh, oh! dit Henriette à la reine, regarde-le donc, cruelle que tu es! Mais il va se trouver mal...

— Bon! dit la reine avec un sourire écrasant, il ne nous manquerait plus que cela. — As-tu des sels?...

Madame de Nevers se trompait. La Mole, chancelant, retrouva des forces et, se raffermissant sur son cheval, alla reprendre son rang à la suite de M. le duc d'Alençon.

Cependant on continuait d'avancer, on voyait se dessiner la silhouette lugubre du gibet dressé et étrenné par Enguerrand de Marigny. Jamais il n'avait été si bien garni qu'à cette heure.

Les huissiers et les gardes marchèrent en avant et formèrent un large cercle autour de l'enceinte. — A leur approche, les corbeaux perchés sur le gibet s'envolèrent avec des croassements de désespoir.

Le gibet qui s'élevait à Montfaucon

offrait d'ordinaire derrière ses colonnes un abri aux chiens attirés par une proie fréquente et aux bandits philosophes qui venaient méditer sur les tristes vicissitudes de la fortune.

Ce jour-là, il n'y avait en apparence, du moins à Montfaucon, ni chiens, ni bandits. Les huissiers et les gardes avaient chassé les premiers en même temps que les corbeaux, et les autres s'étaient confondus dans la foule pour y opérer quelques-uns de ces bons coups qui sont les riantes vicissitudes du métier.

Le cortége s'avançait; le roi et Catherine arrivaient les premiers, puis venaient le duc d'Anjou, le duc d'Alençon, le roi de Navarre, M. de Guise et leurs gentilshommes; puis madame Marguerite, la duchesse de Nevers et toutes les femmes composant ce qu'on appelait l'escadron volant de la reine; puis les pages, les écuyers, les valets et le peuple, en tout dix mille personnes.

Au gibet principal pendait une masse informe, un cadavre noir, souillé de sang coagulé et de boue blanchie par de nouvelles couches de poussière. Au cadavre il manquait une tête. Aussi l'avait on pendu par les pieds. Au reste, la populace, ingénieuse comme elle l'est toujours, avait remplacé la tête par un bouchon de paille sur lequel elle avait mis un masque, et, dans la bouche de ce masque, quelque railleur, qui connaissait les habitudes de M. l'amiral, avait introduit un cure-dent.

C'était un spectacle à la fois lugubre et bizarre, que tous ces élégants seigneurs et toutes ces belles dames défilant, comme une procession peinte par Goya, au milieu de ces squelettes noircis et de ces gibets aux longs bras décharnés. Plus la joie des visiteurs était bruyante, plus elle faisait contraste avec le morne silence et la froide insensibilité de ces cadavres, objets de railleries qui faisaient frissonner ceux-là mêmes qui les faisaient.

Beaucoup supportaient à grand'peine cet horrible spectacle; et à sa pâleur on pouvait distinguer dans le groupe des huguenots ralliés Henri, qui, quelle que fût sa puissance sur lui-même et si étendu que fût le degré de dissimulation dont le ciel l'avait doté, n'y put tenir. Il prétexta l'odeur infecte que répandaient tous ces débris humains; et s'approchant de Charles IX, qui, côte à côte avec Catherine, était arrêté devant les restes de l'amiral : — Sire, dit-il, Votre Majesté ne trouve-t-elle pas que, pour rester plus longtemps ici, ce pauvre cadavre sent bien mauvais ?

— Tu trouves, Henriot! dit Charles IX, dont les yeux étincelaient d'une joie féroce.

— Oui, sire.

— Eh bien, je ne suis pas de ton avis, moi,... le corps d'un ennemi mort sent toujours bon.

— Ma foi, sire ! dit Tavannes, puisque Votre Majesté savait que nous devions venir faire une petite visite à M. l'amiral, elle eût dû inviter Pierre Ronsard, son maître en poésie : il eût fait, séance tenante, l'épitaphe du vieux Gaspard.

— Il n'y a pas besoin de lui pour cela, dit Charles IX, et nous la ferons bien nous-même.... Par exemple, écoutez, messieurs, dit Charles IX après avoir réfléchi un instant :

> Ci-gît, — mais c'est mal entendu, —
> Pour lui le mot est trop honnête,
> Ici l'amiral est pendu
> Par les pieds, à faute de tête.

— Bravo, bravo ! s'écrièrent les gentilshommes catholiques tout d'une voix, tandis que les huguenots ralliés fronçaient le sourcil en gardant le silence.

— Quant à Henri, comme il causait avec Marguerite et madame de Nevers, il fit semblant de n'avoir pas entendu.

— Allons, allons, monsieur! dit Catherine, que, malgré les parfums dont elle était couverte, cette odeur commençait à indisposer; allons, il n'y a si bonne compagnie qu'on ne quitte. Disons adieu à M. l'amiral, et revenons à Paris.

Elle fit de la tête un geste ironique comme lorsque l'on prend congé d'un ami, et, reprenant la tête de colonne, elle revint gagner le chemin, tandis que le cortége défilait devant le cadavre de Coligny.

Le soleil se couchait à l'horizon.

La foule s'écoula sur les pas de Leurs Majestés pour jouir jusqu'au bout des magnificences du cortége et des détails du spectacle : les voleurs suivirent la foule; de sorte que dix minutes après le départ du roi il n'y avait plus personne autour du cadavre mutilé de l'amiral, que commençaient à effleurer les premières brises du soir.

Quand nous disons personne, nous nous trompons. Un gentilhomme monté sur un cheval noir, et qui n'avait pu sans doute, au moment où il était honoré de la présence des princes, contempler à son aise ce tronc informe et noirci, était demeuré le dernier et s'amusait à examiner dans tous leurs détails chaînes, crampons, piliers de pierre, le gibet enfin, qui lui paraissait sans doute, à lui arrivé depuis quelques jours à Paris et ignorant des perfectionnements qu'apporte en toute chose la capitale, le parangon de tout ce que l'homme peut inventer de plus terriblement laid.

Il n'est pas besoin de dire à nos lecteurs que cet homme était notre ami Coconnas. Un œil exercé de femme l'avait en vain cherché dans la cavalcade et avait sondé les rangs sans pouvoir le retrouver.

M. de Coconnas, comme nous l'avons dit, était donc en extase devant l'œuvre d'Enguerrand de Marigny.

Mais cette femme n'était pas seule à chercher M. de Coconnas. Un autre gentilhomme, remarquable par son pourpoint de satin blanc et sa galante plume, après avoir regardé en avant et sur les côtés, s'avisa de regarder en arrière et vit la haute taille de Coconnas et la gigantesque silhouette de son cheval se profiler en vigueur sur le ciel rougi des derniers reflets du soleil couchant.

Alors le gentilhomme au pourpoint de satin blanc quitta le chemin suivi par l'ensemble de la troupe, prit un petit sentier et décrivant une courbe retourna vers le gibet.

Presque aussitôt la dame que nous avons reconnue pour la duchesse de Nevers, comme nous avions reconnu le grand gentilhomme au cheval noir pour Coconnas, s'approcha de Marguerite et lui dit :

— Nous nous sommes trompées toutes deux, Marguerite, car le Piémontais est demeuré en arrière et M. de La Mole l'a suivi.

— Mordi! reprit Marguerite en riant, il va donc se passer quelque chose. Ma foi‘

j'avoue que je ne serais pas fâchée d'avoir à revenir sur son compte.

Marguerite alors se retourna et vit s'exécuter effectivement de la part de La Mole la manœuvre que nous avons dite.

Ce fut alors au tour des deux princesses à quitter la file : l'occasion était des plus favorables ; on tournait devant un sentier bordé de larges haies qui remontait et en remontant passait à trente pas du gibet. Madame de Nevers dit un mot à l'oreille de son capitaine, Marguerite fit un signe à Gillonne, et les quatre personnes s'en allèrent par ce chemin de traverse s'embusquer derrière le buisson le plus proche du lieu où allait se passer la scène dont ils paraissaient désirer être spectateurs. Il y avait trente pas environ, comme nous l'avons dit, de cet endroit à celui où Coconnas, ravi en extase, gesticulait devant M. l'amiral.

Marguerite mit pied à terre, madame de Nevers et Gillonne en firent autant; le capitaine descendit à son tour, et réunit dans ses mains les brides des quatre chevaux. Un gazon frais et touffu offrait aux trois femmes un siége, comme en demandent souvent inutilement les princesses.

Une éclaircie leur permettait de ne pas perdre le moinde détail.

La Mole avait décrit son cercle. Il vint au pas se placer derrière Coconnas, et, allongeant la main, il lui frappa sur l'épaule.

Le Piémontais se retourna.

— Oh! dit-il, ce n'était donc pas un rêve! et vous vivez encore!

— Oui, monsieur, répondit La Mole, oui, je vis encore. Ce n'est pas votre faute, mais enfin je vis.

— Mordi! je vous reconnais bien, reprit Coconnas, malgré votre mine pâle. Vous étiez plus rouge que cela la dernière fois que nous nous sommes vus.

— Et moi, dit La Mole, je vous reconnais aussi malgré cette ligne jaune qui vous coupe le visage; vous étiez plus pâle que ça lorsque je vous la fis.

Coconnas se mordit les lèvres; mais, décidé, à ce qu'il paraît, à continuer la conversation sur le ton de l'ironie, il continua :

— C'est curieux, n'est-ce pas, monsieur de La Mole, surtout pour un huguenot, de pouvoir regarder M. l'amiral pendu à ce crochet de fer ; et dire cependant qu'il y a des gens assez exagérés pour nous accuser d'avoir tué jusqu'aux huguenotins à la mamelle !

— Comte, dit La Mole en s'inclinant, je ne suis plus huguenot, j'ai le bonheur d'être catholique.

— Bah ! s'écria Coconnas en éclatant de rire, vous êtes converti, monsieur ! oh, que c'est adroit !

— Monsieur, continua La Mole avec le même sérieux et la même politesse, j'avais fait vœu de me convertir si j'échappais au massacre.

— Comte, reprit le Piémontais, c'est un vœu très-prudent, et je vous en félicite; n'en auriez-vous point fait d'autres encore?

— Oui bien, monsieur, j'en ai fait un second, répondit La Mole en caressant sa monture avec une tranquillité parfaite.

— Lequel? demanda Coconnas.

— Celui de vous accrocher là-haut, voyez-vous! à ce petit clou qui semble vous attendre au-dessous de M. de Coligny.

— Comment, dit Coconnas, comme je suis là, tout grouillant?

— Non, monsieur, après vous avoir passé mon épée au travers du corps.

Coconnas devint pourpre, ses yeux verts lancèrent des flammes.

— Voyez-vous, dit-il en goguenardant, à ce clou !

— Oui, reprit La Mole, à ce clou...

— Vous n'êtes pas assez grand pour cela, mon petit monsieur ! dit Coconnas.

— Alors je monterai sur votre cheval, mon grand tueur de gens ! répondit La Mole. Ah ! vous croyez, mon cher monsieur Annibal de Coconnas, qu'on peut impunément assassiner les gens sous le loyal et honorable prétexte qu'on est cent contre un ; nenni ! Un jour vient où l'homme retrouve son homme, et je crois que ce jour est venu aujourd'hui. J'aurais bien envie de casser votre vilaine tête d'un coup de pistolet ; mais, bah ! j'ajusterais mal, car j'ai la main encore tremblante des blessures que vous m'avez faites en traître.

— Ma vilaine tête! hurla Coconnas en sautant de son cheval. A terre! sus! sus! Monsieur le comte, dégaînons.

Et il mit l'épée à la main.

— Je crois que ton huguenot a dit vilaine tête, murmura la duchesse de Nevers à l'oreille de Marguerite; est-ce que tu le trouves laid?

— Il est charmant! dit en riant Marguerite, et je suis forcée de dire que la fureur rend M. de La Mole injuste; mais, chut! regardons.

En effet, La Mole était descendu de son cheval avec autant de mesure que Coconnas avait mis, lui, de rapidité; il avait détaché son manteau cerise, l'avait posé à terre, avait tiré son épée, et était tombé en garde.

— Aïe! fit-il en allongeant le bras.

— Ouf! murmura Coconnas en déployant le sien — car tous deux, on se le rappelle, étaient blessés à l'épaule et souffraient d'un mouvement trop vif.

Un éclat de rire, mal retenu, sortit du buisson. Les princesses n'avaient pu se contraindre tout à fait en voyant les deux champions se frotter l'omoplate en grimaçant. Cet éclat de rire parvint jusqu'aux deux gentilshommes, qui ignoraient qu'ils eussent des témoins et qui, en se retournant, reconnurent leurs dames.

La Mole se remit en garde, ferme comme un automate, et Coconnas engagea le fer avec un mordi ! des plus accentués.

— Ah çà ! mais ils y vont tout de bon et s'égorgeront, si nous n'y mettons bon ordre. Assez de plaisanteries. Holà ! messieurs ! holà ! cria Marguerite.

— Laisse, laisse ! dit Henriette, qui, ayant vu Coconnas à l'œuvre, espérait au fond du cœur que Coconnas aurait aussi bon marché de La Mole qu'il avait eu des deux neveux et du fils de Mercandon.

— Oh ! ils sont vraiment très-beaux ainsi, dit Marguerite; regarde, on dirait qu'ils soufflent du feu.

En effet, le combat, commencé par des railleries et des provocations, était devenu silencieux depuis que les deux champions avaient croisé le fer. Tous deux se défiaient de leurs forces, et l'un et l'autre, à chaque mouvement trop vif, étaient forcés de réprimer un frisson de douleur arraché par les anciennes blessures. Cependant, les yeux fixes et ardents, la bouche entr'ouverte, les dents serrées, La Mole avançait à petits pas fermes et secs sur son adversaire, qui, reconnaissant en lui un maître en fait d'armes, rompait aussi pas à pas, mais enfin rompait. Tous deux arrivèrent ainsi jusqu'au bord du fossé de l'autre côté duquel se trouvaient les spectateurs. Là, comme si sa retraite eût été un simple calcul pour se rapprocher de sa dame, Coconnas s'arrêta, et, sur un dégagement un peu large de La Mole, fournit avec la rapidité de l'éclair un coup droit, et à l'instant même le pourpoint de satin blanc de La

Mole s'imbiba d'une tache rouge qui alla s'élargissant.

— Courage! cria la duchesse de Nevers.

— Ah! pauvre La Mole! fit Marguerite avec un cri de douleur.

La Mole entendit ce cri, lança à la reine un de ces regards qui pénètrent plus profondément dans le cœur que la pointe d'une épée, et sur un cercle trompé se fendit à fond.

Cette fois les deux femmes jetèrent deux cris qui n'en firent qu'un. La pointe de la rapière de La Mole avait apparu sanglante derrière le dos de Coconnas.

Cependant ni l'un ni l'autre ne tomba; tous deux restèrent debout, se regardant la bouche ouverte, sentant chacun de son côté qu'au moindre mouvement qu'il ferait, l'équilibre allait lui manquer. Enfin, le Piémontais, plus dangereusement blessé que son adversaire, et sentant que ses forces allaient fuir avec son sang, se laissa tomber sur La Mole, l'étreignant d'un bras, tandis que de l'autre il cherchait à dégaîner son poignard. De son côté, La Mole réunit toutes ses forces, leva la main et laissa retomber le pommeau de son épée au milieu du front de Coconnas, qui, étourdi du coup, tomba; mais en tombant, il entraîna son adversaire dans sa chute, si bien que tous deux roulèrent dans le fossé.

Aussitôt Marguerite et la duchesse de Nevers, voyant que tout mourants qu'ils étaient, ils cherchaient encore à s'achever, se précipitèrent, aidées du capitaine des gardes. Mais avant qu'elles ne fussent arrivées à eux, les mains se détendirent, les yeux se refermèrent, et chacun des combattants, laissant échapper le fer qu'il tenait, se roidit dans une convulsion suprême.

Un large flot de sang écumait autour d'eux.

— Oh! brave, brave La Mole, s'écria Marguerite, incapable de renfermer plus long-temps en elle son admiration. Ah! pardon, mille fois pardon de t'avoir soupçonné!

Et ses yeux se remplirent de larmes.

— Hélas! hélas! murmura la duchesse, valeureux Annibal...

— Dites, dites, madame, avez-vous jamais vu deux plus intrépides lions?

Et elle éclata en sanglots.

— Tudieu! les rudes coups, dit le capitaine en cherchant à étancher le sang qui coulait à flots... Holà! vous qui venez, venez plus vite.

En effet, un homme assis sur le devant d'une espèce de tombereau peint en rouge, apparaissait dans la brume du soir, chantant cette vieille chanson que lui avait sans doute rappelée le miracle du cimetière des Innocents :

> Bel aubespin fleurissant ;
> Verdissant,
> Le long de ce beau rivage,
> Tu es vêtu jusqu'au bas
> Des longs bras
> D'un lambrusche sauvage.

> Le chantre rossignolet,
> Nouvelet,
> Courtisant sa bien-aimée,
> Pour ses amours alléger
> Vient loger
> Tous les ans sous la ramée.
>
> Or, vis gentil aubespin,
> Vis sans fin ;
> Vis, sans que jamais tonnerre,
> Ou la cognée, ou les vents,
> Ou le temps,
> Te puissent ruer par......

— Holà hé! répéta le capitaine, venez donc quand on vous appelle! ne voyez-vous pas que ces gentilshommes ont besoin de secours?

L'homme au chariot, dont l'extérieur repoussant et le visage rude formaient un contraste étrange avec la douce et bucolique chanson que nous venons de citer, arrêta alors son cheval, descendit, et se baissant sur les deux corps :

— Voilà de belles plaies, dit-il; mais j'en fais encore de meilleures.

— Qui donc êtes-vous ? demanda Marguerite ressentant malgré elle une certaine terreur qu'elle n'avait pas la force de vaincre.

— Madame, répondit cet homme en s'inclinant jusqu'à terre, je suis maître Caboche, bourreau de la prévôté de Paris, et je venais accrocher à ce gibet des compagnons pour M. l'amiral.

— Eh bien ! moi, je suis la reine de Navarre répondit Marguerite ; jetez là vos cadavres, étendez dans votre chariot les housses de nos chevaux, et ramenez doucement derrière nous ces deux gentilshommes au Louvre.

CHAPITRE VIII.

LE CONFRÈRE DE MAÎTRE AMBROISE PARÉ.

Le tombereau dans lequel on avait placé Coconnas et La Mole reprit la route de Paris, suivant dans l'ombre le groupe qui lui servait de guide. Il s'arrêta au Louvre; le conducteur reçut un riche salaire. On fit transporter les blessés chez M. le duc d'Alençon, et l'on envoya chercher maître Ambroise Paré.

Lorsqu'il arriva, ni l'un ni l'autre n'avait encore repris connaissance.

La Mole était le moins maltraité des deux : le coup d'épée l'avait frappé au-dessous de l'aisselle droite, mais n'avait offensé aucun organe essentiel ; quant à Coconnas, il avait le poumon traversé, et le souffle qui sortait par la blessure faisait vaciller la flamme d'une bougie.

Maître Ambroise Paré ne répondait pas de Coconnas.

Madame de Nevers était désespérée ; c'était elle qui, confiante dans la force, dans l'adresse et dans le courage du Piémontais, avait empêché Marguerite de s'opposer au combat. Elle eût bien fait porter Coconnas à l'hôtel de Guise pour lui renouveler dans cette seconde occasion les soins de la première; mais d'un moment à l'autre, son mari pouvait arriver de Rome, et trouver étrange l'installation d'un intrus dans le domicile conjugal.

Pour cacher la cause des blessures, Marguerite avait fait porter les deux jeunes gens chez son frère, où l'un d'eux, d'ailleurs, était déjà installé, en disant que c'étaient deux gentilshommes qui s'étaient laissés choir de cheval pendant la promenade; mais la vérité fut divulguée par l'admiration du capitaine témoin du combat, et l'on sut bientôt à la cour que deux nouveaux raffinés venaient de naître au grand jour de la renommée.

Soignés par le même chirurgien qui

partageait ses soins entre eux, les deux blessés parcoururent les différentes phases de convalescence qui ressortaient du plus ou du moins de gravité de leurs blessures. La Mole, le moins grièvement atteint des deux, reprit le premier connaissance. Quant à Coconnas, une fièvre terrible s'était emparée de lui, et son retour à la vie fut signalé par tous les signes du plus affreux délire.

Quoique enfermé dans la même chambre que Coconnas, La Mole, en reprenant connaissance, n'avait pas vu son compagnon, ou n'avait, par aucun signe, indiqué qu'il le vît. Coconnas, tout au contraire, en rouvrant les yeux, les fixa sur La Mole, et cela avec une expression qui eût pu prouver que le sang que le

Piémontais venait de perdre n'avait en rien diminué les passions de ce tempérament de feu.

Coconnas pensa qu'il rêvait, et que dans son rêve il retrouvait l'ennemi que deux fois il croyait avoir tué; seulement le rêve se prolongeait outre mesure. Après avoir vu La Mole couché comme lui, pansé comme lui par le chirurgien, il vit La Mole se soulever sur ce lit, où lui-même était cloué encore par la fièvre, la faiblesse et la douleur, puis en descendre, puis marcher au bras du chirurgien, puis marcher avec une canne, puis enfin marcher tout seul. Coconnas, toujours en délire, regardait toutes ces différentes périodes de la convalescence de son compagnon d'un regard tantôt atone, tantôt furieux, mais toujours menaçant.

Tout cela offrait à l'esprit brûlant du Piémontais un mélange effrayant de fantastique et de réel. Pour lui La Mole était mort, bien mort et même plutôt deux fois qu'une, et cependant il reconnaissait l'ombre de ce La Mole couchée dans un lit pareil au sien; puis il vit, comme nous l'avons dit, l'ombre se lever, puis l'ombre marcher, et, chose effrayante, marcher vers son lit. Cette ombre, que Coconnas eût voulu fuir, fût-ce au fond des enfers, vint droit à lui et s'arrêta à son chevet, debout et le regardant; il y avait même dans ses traits un sentiment de douceur et de compassion que Coconnas prit pour l'expression d'une dérision infernale.

Alors s'alluma dans cet esprit, plus malade peut-être que le corps, une aveugle passion de vengeance. Coconnas n'eut plus qu'une préoccupation, celle de se procurer une arme quelconque, et, avec cette arme, de frapper ce corps ou cette ombre de La Mole qui le tourmentait si cruellement. Ses habits avaient été déposés sur une chaise, puis emportés, car, tout souillés de sang qu'ils étaient, on avait jugé à propos de les éloigner du blessé; mais on avait laissé sur la même chaise son poignard dont on ne supposait pas qu'avant long-temps il eût l'envie de se servir. Coconnas vit le poignard; pendant trois nuits, profitant du moment où La Mole dormait, il essaya d'étendre la main jusqu'à lui : trois fois la force lui manqua, et il s'évanouit. Enfin, la quatrième nuit, il atteignit l'arme, la saisit du bout de ses doigts crispés, et, en poussant un gémissement arraché par la douleur, il la cacha sous son oreiller.

Le lendemain, il vit quelque chose d'inouï jusque-là; l'ombre de La Mole, qui semblait chaque jour reprendre de nouvelles forces, tandis que lui, sans cesse occupé de la vision terrible, usait les siennes dans l'éternelle trame du complot qui devait l'en débarrasser ; l'ombre de La Mole, devenue de plus en plus alerte, fit, d'un air pensif, deux ou trois tours dans la chambre; puis enfin, après avoir ajusté son manteau, ceint son épée, coiffé sa tête d'un feutre à larges bords, ouvrit la porte et sortit.

Coconnas respira ; il se crut débarrassé de son fantôme. Pendant deux ou trois heures, son sang circula dans ses veines plus calme et plus rafraîchi qu'il n'avait jamais encore été depuis le moment du duel; un jour d'absence de La Mole eût rendu la connaissance à Coconnas, huit jours l'eussent guéri peut-être; malheureusement, La Mole rentra au bout de deux heures.

Cette rentrée fut pour le Piémontais un véritable coup de poignard, et, quoique La Mole ne rentrât point seul, Coconnas n'eut pas un regard pour son compagnon.

Son compagnon méritait cependant bien qu'on le regardât.

C'était un homme d'une quarantaine d'années, court, trapu, vigoureux, avec des cheveux noirs qui descendaient jusqu'aux sourcils, et une barbe noire qui, contre la mode du temps, couvrait tout le bas de son visage ; mais le nouveau venu paraissait s'occuper peu de mode. Il avait une espèce de justaucorps de cuir tout maculé de taches brunes. Des chausses sang-de-bœuf, un maillot rouge, de gros souliers de cuir montant au-dessus de la cheville, un bonnet de la même couleur que ses chausses, et la taille serrée par une large ceinture à laquelle pendait un couteau caché dans sa gaîne.

Cet étrange personnage, dont la présence semblait une anomalie dans le Louvre, jeta sur une chaise le manteau brun qui l'enveloppait, et s'approcha brutalement du lit de Coconnas, dont les yeux, comme par une fascination singulière, demeuraient constamment fixés sur La Mole, qui se tenait à distance. Il regarda le malade, et secouant la tête :

— Vous avez attendu bien tard, mon gentilhomme ! dit-il.

— Je ne pouvais pas sortir plus tôt, dit La Mole.

— Eh, par Dieu ! il fallait m'envoyer chercher.

— Par qui?

— Ah, c'est vrai ! J'oubliais où nous sommes. Je l'avais dit à ces dames; mais elles n'ont point voulu m'écouter. Si l'on avait suivi mes ordonnances au lieu de s'en rapporter à celles de cet âne bâté que l'on nomme Ambroise Paré, vous seriez depuis long-temps en état ou de courir les aventures ensemble, ou de vous redonner un autre coup d'épée si c'était votre bon plaisir ; enfin on verra. Entend-il raison, votre ami?

— Pas trop.

— Tirez la langue, mon gentilhomme.

Coconnas tira la langue à La Mole en faisant une si affreuse grimace que l'examinateur secoua une seconde fois la tête.

— Oh! oh! murmura-t-il, contraction des muscles.—Il n'y a pas de temps à perdre. Ce soir même je vous enverrai une potion toute préparée qu'on lui fera prendre en trois fois d'heure en heure : une fois à minuit, une fois à une heure, une fois à deux heures.

— Bien.

— Mais qui la lui fera prendre, cette potion ?

— Moi.

— Vous-même ?

— Oui.

— Vous m'en donnez votre parole ?

— Foi de gentilhomme !

— Et si quelque médecin voulait en soustraire la moindre partie pour la décomposer et voir de quels ingrédients elle est formée ?...

— Je la renverserais jusqu'à la dernière goutte.

— Foi de gentilhomme aussi ?

— Je vous le jure.

— Par qui vous enverrai-je cette potion ?

— Par qui vous voudrez.

— Mais mon envoyé...

—Eh bien?

—Comment pénétrera-t-il jusqu'à vous?

—C'est prévu. Il dira qu'il vient de la part de M. René le parfumeur.

—Ce Florentin qui demeure sur le pont Saint-Michel?

—Justement. Il a ses entrées au Louvre à toute heure du jour et de la nuit.

L'homme sourit.

—En effet, dit-il, c'est bien le moins que lui doive la reine-mère. C'est dit, on viendra de la part de maître René le parfumeur. Je puis bien prendre son nom une fois : il a assez souvent, sans être patenté, exercé ma profession.

—Eh bien! dit La Mole, je compte donc sur vous?

— Comptez-y.

— Quant au payement...

— Oh ! nous réglerons cela avec le gentilhomme lui-même quand il sera sur pied.

— Et soyez tranquille, je crois qu'il sera en état de vous récompenser généreusement.

— Moi aussi, je le crois. Mais, ajouta-t-il avec un singulier sourire, comme ce n'est pas l'habitude des gens qui ont affaire à moi d'être reconnaissants, cela ne m'étonnerait point qu'une fois sur ses pieds il oubliât ou plutôt ne se souciât point de se souvenir de moi.

— Bon, bon ! dit La Mole en souriant à son tour; en ce cas je serai là pour lui en rafraîchir la mémoire.

— Allons, soit! dans deux heures vous aurez la potion.

— Au revoir.

— Vous dites?

— Au revoir.

L'homme sourit.

— Moi, reprit-il, j'ai l'habitude de dire toujours adieu. Adieu donc, monsieur de La Mole; dans deux heures vous aurez votre potion. Vous entendez, elle doit être prise à minuit — en trois doses — d'heure en heure.

Sur quoi il sortit, et La Mole resta seul avec Coconnas.

Coconnas avait entendu toute cette conversation, mais n'y avait rien compris : un vain bruit de paroles, un vain cliquetis de mots étaient arrivés jusqu'à lui. De tout cet entretien, il n'avait retenu que le mot : — Minuit.

Il continua donc de suivre de son regard ardent La Mole, qui continua, lui, de demeurer dans la chambre rêvant et se promenant.

Le docteur inconnu tint parole et à l'heure dite envoya la potion, que La Mole mit sur un petit réchaud d'argent. Puis, cette précaution prise, il se coucha.

Cette action de La Mole donna un peu de repos à Coconnas, il essaya de fermer les yeux à son tour; mais son assoupissement fiévreux n'était qu'une suite de sa veille délirante. Le même fantôme qui le poursuivait le jour venait le relancer la nuit; à travers ses paupières arides, il continuait de voir La Mole toujours railleur, toujours menaçant, puis une voix répétait à son oreille : — Minuit! minuit! minuit!

Tout à coup le timbre vibrant de l'horloge s'éveilla dans la nuit et frappa douze fois. Coconnas rouvrit ses yeux enflammés; le souffle ardent de sa poitrine dévorait ses lèvres arides; une soif inextinguible consumait son gosier embrasé; la petite lampe de nuit brûlait comme d'habitude, et à sa terne lueur faisait danser mille fantômes aux regards vacillants de Coconnas.

Il vit alors, chose effrayante! La Mole descendre de son lit; puis, après avoir fait un tour ou deux dans sa chambre, comme fait l'épervier devant l'oiseau qu'il fascine, s'avancer jusqu'à lui en lui montrant le poing. Coconnas étendit la main vers son poignard, le saisit par le manche, et s'apprêta à éventrer son ennemi.

La Mole approchait toujours.

Coconnas murmurait :

— Ah ! c'est toi, toi encore, toi toujours ! Viens. Ah ! tu me menaces, tu me montres le poing, tu souris, viens, viens. Ah ! tu continues d'approcher tout doucement, pas à pas; viens, viens, que je te massacre.

Et en effet, joignant le geste à cette sourde menace, au moment où La Mole se penchait vers lui, Coconnas fit jaillir de dessous ses draps l'éclair d'une lame;

mais l'effort que le Piémontais fit en se soulevant brisa ses forces ; le bras étendu vers La Mole s'arrêta à moitié chemin, le poignard échappa à sa main débile, et le moribond retomba sur son oreiller.

— Allons, allons, murmura La Mole en soulevant doucement la tête et en approchant une tasse de ses lèvres, buvez cela, mon pauvre camarade, car vous brûlez.

C'était en effet une tasse que La Mole présentait à Coconnas, et que celui-ci avait prise pour ce poing menaçant dont s'était effarouché le cerveau vide du blessé.

Mais, au contact velouté de la liqueur bienfaisante humectant ses lèvres et rafraîchissant sa poitrine, Coconnas reprit sa raison ou plutôt son instinct : il sentit se répandre en lui un bien-être comme jamais il n'en avait éprouvé; il ouvrit un œil intelligent sur La Mole, qui le tenait entre ses bras et lui souriait, et, de cet œil contracté naguère par une fureur sombre, une petite larme imperceptible roula sur sa joue ardente, qui la but avidement.

— Mordi ! murmura Coconnas en se laissant aller sur son traversin, si j'en réchappe, monsieur de La Mole, vous serez mon ami.

— Et vous en réchapperez, mon camarade, dit La Mole, si vous voulez boire trois tasses comme celle que je viens de vous donner, et de ne plus faire de vilains rêves.

Une heure après, La Mole constitué en

garde-malade, et obéissant ponctuellement aux ordonnances du docteur inconnu, se leva une seconde fois, versa une seconde portion de la liqueur dans une tasse, et porta cette tasse à Coconnas. Mais cette fois le Piémontais, au lieu de l'attendre le poignard à la main, le reçut les bras ouverts, et avala son breuvage avec délices; puis pour la première fois s'endormit avec quelque tranquillité.

La troisième tasse eut un effet non moins merveilleux. La poitrine du malade commença de laisser passer un souffle régulier quoiqu'haletant encore. Ses membres roidis se détendirent, une douce moiteur s'épandit à la surface de la peau brûlante; et lorsque le lendemain maître Ambroise Paré vint visiter le blessé, il sourit avec satisfaction en disant :

— A partir de ce moment je réponds de M. Coconnas, et ce ne sera pas une des moins belles cures que j'aurai faites.

Il résulta de cette scène moitié dramatique, moitié burlesque, mais qui ne manquait pas au fond d'une certaine poésie attendrissante eu égard aux mœurs farouches de Coconnas, que l'amitié des deux gentilshommes, commencée à l'auberge de la Belle-Étoile, et violemment interrompue par les événements de la nuit de la Saint-Barthélemy, reprit dès lors avec une nouvelle vigueur, et dépassa bientôt celle d'Oreste et de Pylade de cinq coups d'épée et d'un coup de pistolet répartis sur leurs deux corps.

Quoi qu'il en soit, blessures vieilles et nouvelles, profondes et légères, se trouvèrent enfin en voie de guérison. La

Mole, fidèle à sa mission de garde-malade, ne voulut point quitter la chambre que Coconnas ne fût entièrement guéri. Il le souleva dans son lit tant que sa faiblesse l'y enchaîna, l'aida à marcher quand il commença de se soutenir, enfin eut pour lui tous les soins qui ressortaient de sa nature douce et aimante, et qui secondés par la vigueur du Piémontais amenèrent une convalescence plus rapide qu'on n'avait le droit de l'espérer.

Cependant une seule et même pensée tourmentait les deux jeunes gens : chacun dans le délire de sa fièvre avait bien cru voir s'approcher de lui la femme qui remplissait tout son cœur; mais depuis que chacun avait repris connaissance, ni Marguerite ni madame de Nevers n'étaient certainement entrées dans la chambre. Au reste cela se comprenait : l'une femme du roi de Navarre, l'autre belle-sœur du duc de Guise, pouvaient-elles donner aux yeux de tous une marque si publique d'intérêt à deux simples gentilshommes? Non. C'était bien certainement la réponse que devaient se faire La Mole et Coconnas. Mais cette absence, qui tenait peut-être à un oubli total, n'en était pas moins douloureuse.

Il est vrai que le gentilhomme qui avait assisté au combat était venu de temps en temps et comme de son propre mouvement demander des nouvelles des deux blessés. Il est vrai que Gillonne, pour son propre compte, en avait fait autant. Mais La Mole n'avait point osé parler à l'une de Marguerite, et Coconnas n'avait point osé parler à l'autre de madame de Nevers.

CHAPITRE IX.

LES REVENANTS.

Pendant quelque temps les deux jeunes gens gardèrent chacun de son côté le secret enfermé dans sa poitrine. Enfin dans un jour d'expansion la pensée qui les préoccupait seule déborda de leurs lèvres, et tous deux corroborèrent leur amitié par cette dernière preuve, sans laquelle il n'y a pas d'amitié, c'est-à-dire par une confiance entière.

Ils étaient éperdument amoureux, l'un d'une princesse, l'autre d'une reine.

Il y avait pour les deux pauvres soupirants quelque chose d'effrayant dans cette distance presque infranchissable qui les séparait de l'objet de leurs désirs. Et cependant l'espérance est un sentiment si profondément enraciné au cœur de l'homme, que, malgré la folie de leur espérance, ils espéraient.

Tous deux, au reste, à mesure qu'ils revenaient à eux, soignaient fort leur visage. Chaque homme, même le plus indifférent aux avantages physiques, a, dans certaines circonstances, avec son miroir, des conversations muettes, des signes d'intelligence, après lesquels il s'éloigne presque toujours de son confident fort satisfait de l'entretien. Or, nos deux jeunes gens n'étaient point de ceux à qui leurs miroirs devaient donner de trop rudes avis. La Mole, mince, pâle et élégant, avait la beauté de la distinction. Coconnas, vigoureux, bien découplé, haut en couleur, avait la beauté de la force. Il y avait même plus : pour ce dernier, la maladie avait été un avantage. Il avait maigri, il avait pâli ; enfin, la fameuse balafre qui lui avait jadis donné tant de tracas par ses rapports prismatiques avec l'arc-en-ciel, avait disparu, annonçant probablement, comme le phénomène post-diluvien, une longue suite de jours purs et de nuits sereines.

Au reste, les soins les plus délicats continuaient d'entourer les deux blessés: le jour où chacun d'eux avait pu se lever, il avait trouvé une robe de chambre sur le fauteuil le plus proche de son lit; le jour où il avait pu se vêtir, un habillement complet. Il y a plus, dans la poche de chaque pourpoint il y avait une bourse largement fournie, que chacun des deux ne garda, bien entendu, que pour la rendre en temps et lieu au protecteur inconnu qui veillait sur lui.

Ce protecteur inconnu ne pouvait être le prince chez lequel logeaient les deux jeunes gens, car ce prince non-seulement n'était pas monté une seule fois chez eux pour les voir, mais encore n'avait pas fait demander de leurs nouvelles.

Un vague espoir disait tout bas à chaque cœur que ce protecteur inconnu était la femme qu'il aimait.

Aussi les deux blessés attendaient-ils avec une impatience sans égale le moment de leur sortie. La Mole, plus fort et mieux guéri que Coconnas, aurait pu opérer la sienne depuis longtemps ; mais une espèce de convention tacite le liait au sort de son ami. — Il était convenu que leur première sortie serait consacrée à trois visites.

La première, au docteur inconnu dont le breuvage velouté avait opéré sur la poitrine enflammée de Coconnas une si notable amélioration.

La seconde à, l'hôtel de défunt maître

La Hurière, où chacun d'eux avait laissé valise et cheval.

La troisième, au Florentin René, lequel joignant à son titre de parfumeur celui de magicien, vendait non-seulement des cosmétiques et des poisons, mais encore composait des philtres et rendait des oracles.

Enfin, après deux mois passés de convalescence et de réclusion, ce jour tant attendu arriva.

Nous avons dit de réclusion, c'est le mot qui convient, car plusieurs fois, dans leur impatience, ils avaient voulu hâter ce jour; mais une sentinelle placée à la porte leur avait constamment barré le passage, et ils avaient appris qu'ils ne sortiraient que sur un *exeat* de maître Ambroise Paré.

Or un jour, l'habile chirurgien ayant

reconnu que les deux malades étaient, si
non complétement guéris, du moins en
voie de complète guérison, il avait donné
cet *exeat*, et vers les deux heures de l'après-
midi, par une de ces belles journées d'au-
tomne comme Paris en offre parfois à ses
habitants étonnés, qui ont déjà fait provi-
sion de résignation pour l'hiver, les deux
amis, appuyés au bras l'un de l'autre, mi-
rent le pied hors du Louvre.

La Mole, qui avait retrouvé avec grand
plaisir, sur un fauteuil le fameux manteau
cerise qu'il avait plié avec tant de soin avant
le combat, s'était constitué le guide de Coconnas, et Coconnas se laissait guider sans
résistance et même sans réflexion. Il savait
que son ami le conduisait chez le docteur
inconnu dont la potion, non patentée,

l'avait guéri en une seule nuit, quand toutes les drogues de maître Ambroise Paré le tuaient lentement. Il avait fait deux parts de l'argent renfermé dans sa bourse, c'est-à-dire de deux cents nobles à la rose, et il en avait destiné cent à récompenser l'esculape anonyme auquel il devait sa convalescence. Coconnas ne craignait pas la mort, mais Coconnas n'en était pas moins fort aise de vivre. Aussi, comme on le voit, s'apprêtait-il à récompenser généreusement son sauveur.

La Mole prit la rue de l'Astruce, la grande rue Saint-Honoré, la rue des Prouvelles, et se trouva bientôt sur la place des Halles. Près de l'ancienne fontaine et à l'endroit que l'on désigne aujourd'hui par le nom de *Carreau des Halles*, s'élevait une construction octogone en maçonnerie, surmontée d'une vaste lanterne de bois, surmontée elle-même par un toit pointu, au sommet duquel grinçait une girouette. Cette lanterne de bois offrait huit ouvertures que traversait, comme cette pièce héraldique qu'on appelle la *fasce* traverse le champ du blason, une espèce de roue en bois, laquelle se divisait par le milieu afin de prendre dans des échancrures taillées à cet effet, la tête et les mains du condamné ou des condamnés que l'on exposait à l'une ou l'autre, ou à plusieurs de ces huit ouvertures.

Cette construction étrange, qui n'avait son analogue dans aucune des constructions environnantes, s'appelait le pilori.

Une maison informe, bossue, éraillée,

borgne et boiteuse, au toit taché de mousse
comme la peau d'un lépreux, avait, pareille à un champignon, poussé au pied
de cette espèce de tour.

Cette maison était celle du bourreau.

Un homme était exposé et tirait la langue aux passants : c'était un des voleurs
qui avaient exercé autour du gibet de
Montfaucon, et qui avait par hasard été
arrêté dans l'exercice de ses fonctions.

Coconnas crut que son ami l'amenait
voir ce curieux spectacle, et il se mêla à la
foule des amateurs qui répondait aux grimaces du patient par des vociférations et
des huées. Coconnas était naturellement
cruel, et ce spectacle l'amusa fort ; seulement il eût voulu qu'au lieu des huées et
des vociférations, ce fussent des pierres

que l'on jetât au condamné assez insolent pour tirer la langue aux nobles seigneurs qui lui faisaient l'honneur de le visiter.

Aussi, lorsque la lanterne mouvante tourna sur sa base pour faire jouir une autre partie de la place de la vue du patient, et que la foule suivit le mouvement de la lanterne, Coconnas voulut-il suivre le mouvement de la foule; mais La Mole l'arrêta en lui disant à demi-voix :

— Ce n'est point pour cela que nous sommes venus ici.

— Et pourquoi donc sommes-nous venus, alors? demanda Coconnas.

— Tu vas le voir, répondit La Mole.

Les deux amis se tutoyaient depuis le

lendemain de cette fameuse nuit où Coconnas avait voulu éventrer La Mole.

Et La Mole conduisit Coconnas droit à la petite fenêtre de cette maison adossée à la tour et sur l'appui de laquelle se tenait un homme accoudé.

— Ah, ah! c'est vous, messeigneurs! dit l'homme en soulevant son bonnet sang-de-bœuf et en découvrant sa tête aux cheveux noirs et épais descendant jusqu'à ses sourcils, soyez les bien venus!

— Quel est cet homme? demanda Coconnas cherchant à se rappeler ses souvenirs, car il lui sembla avoir vu cette tête-là pendant un des moments de sa fièvre.

— Ton sauveur, mon cher ami, dit La Mole, celui qui t'a apporté au Louvre cette boisson rafraîchissante qui t'a fait tant de bien.

— Oh! oh! fit Coconnas; en ce cas, mon ami...

Et il lui tendit la main.

Mais l'homme, au lieu de correspondre à cette avance par un geste pareil, se redressa, et, en se redressant, s'éloigna des deux amis de toute la distance qu'occupait la courbe de son corps.

— Monsieur, dit-il à Coconnas, merci de l'honneur que vous voulez bien me faire, mais il est probable que si vous me connaissiez vous ne me le feriez pas.

— Ma foi, dit Coconnas, je déclare que quand vous seriez le diable je me tiens pour votre obligé, car sans vous je serais mort à cette heure.

— Je ne suis pas tout à fait le diable, répondit l'homme au bonnet rouge ; mais souvent beaucoup aimeraient mieux voir le diable que de me voir.

— Qui êtes-vous donc? demanda Coconnas.

— Monsieur, répondit l'homme, je suis maître Caboche, bourreau de la prévôté de Paris !...

— Ah !... fit Coconnas en retirant sa main.

— Vous voyez bien ! dit maître Caboche.

— Non pas !... je toucherai votre main, ou le diable m'emporte. Étendez-la...

— En vérité ?

— Toute grande.

— Voici !

— Plus grande... encore... bien !... — et Coconnas prit dans sa poche la poignée d'or préparée pour son médecin anonyme et la déposa dans la main du bourreau.

— J'aurais mieux aimé votre main toute seule, dit maître Caboche en secouant la tête ; car je ne manque pas d'or, mais de mains qui touchent la mienne, tout au contraire j'en chôme fort. N'importe ! Dieu vous bénisse, mon gentilhomme !

— Ainsi donc, mon ami, dit Coconnas regardant avec curiosité le bourreau, c'est vous qui donnez la gêne, qui rouez, qui écartelez, qui coupez les têtes, qui brisez les os. Ah, ah ! je suis bien aise d'avoir fait votre connaissance.

— Monsieur, dit maître Caboche, je ne fais pas tout moi-même ; car, ainsi que vous avez vos laquais, vous autres seigneurs, pour faire ce que vous ne voulez pas faire, moi j'ai mes aides, qui font la grosse besogne et qui expédient les manants. Seulement, quand, par hasard, j'ai affaire à des gentilshommes, comme vous et votre compagnon par exemple, oh ! alors c'est autre chose, et je me fais un honneur de m'acquitter moi-même de tous les détails de l'exécution, depuis le premier jusqu'au dernier, c'est à dire depuis la question jusqu'au décollement.

Coconnas sentit malgré lui courir un frisson dans ses veines, comme si le coin brutal pressait ses jambes et comme si le fil de l'acier effleurait son cou.

La Mole, sans se rendre compte de la cause, éprouva la même sensation.

— Mais Coconnas surmonta cette émotion dont il avait honte, et voulant prendre congé de maître Caboche par une derdière plaisanterie :

— Eh bien, maître! lui dit-il, je retiens votre parole, quand ce sera mon tour de monter à la potence d'Enguerrand de Marigny ou sur l'échafaud de M. de Nemours, il n'y aura que vous qui me toucherez.

— Je vous le promets.

— Cette fois, dit Coconnas, voici ma main en gage que j'accepte votre promesse.

Et il étendit vers le bourreau une main que le bourreau toucha timidement de la sienne, quoiqu'il fût visible qu'il eût eu grande envie de la toucher franchement.

A ce simple attouchement, Coconnas pâlit légèrement, mais le même sourire demeura sur ses lèvres, tandis que La Mole, mal à l'aise, et voyant la foule tourner avec la lanterne et se rapprocher d'eux, le tirait par son manteau.

Coconnas, qui, au fond, avait aussi grande envie que La Mole de mettre fin à cette scène dans laquelle, par la pente naturelle de son caractère, il s'était trouvé enfoncé plus qu'il n'eût voulu, fit un signe de tête et s'éloigna.

— Ma foi! dit La Mole quand lui et son compagnon furent arrivés à la croix du Trahoir, conviens que l'on respire mieux ici que sur la place des Halles?

— J'en conviens, dit Coconnas, mais je n'en suis pas moins fort aise d'avoir fait connaissance avec maître Caboche. Il est bon d'avoir des amis partout.

— Même à l'enseigne de la Belle-Étoile, dit La Mole en riant.

— Oh! pour le pauvre maître La Hurière, dit Coconnas, celui-là est mort et bien mort. J'ai vu la flamme de l'arquebuse, j'ai entendu le coup de la balle qui a résonné comme s'il eût frappé sur le bourdon de Notre-Dame, et je l'ai laissé étendu dans le ruisseau avec le sang qui lui sortait par le nez et par la bouche. En supposant que ce soit un ami, c'est un ami que nous avons dans l'autre monde.

Tout en causant ainsi, les deux jeunes gens entrèrent dans la rue de l'Arbre-Sec et s'acheminèrent vers l'enseigne de la Belle-Étoile, qui continuait de grincer à la même place, offrant toujours au voyageur son âtre gastronomique et son appétissante légende.

Coconnas et La Mole s'attendaient à trouver la maison désespérée, la veuve en deuil, et les marmitons un crêpe au bras ; mais, à leur grand étonnement, ils trouvèrent la maison en pleine activité, madame La Hurière fort resplendissante, et les garçons plus joyeux que jamais.

— Oh! l'infidèle! dit La Mole, elle se sera remariée!

Puis s'adressant à la nouvelle Artémise :

— Madame, lui dit-il, nous sommes deux gentilshommes de la connaissance de ce pauvre monsieur La Hurière. Nous avons laissé ici deux chevaux et deux valises que nous venons réclamer.

— Messieurs, répondit la maîtresse de la maison après avoir essayé de rappeler ses souvenirs, comme je n'ai pas l'honneur de vous reconnaître, je vais, si vous le voulez bien, appeler mon mari. — Grégoire, faites venir votre maître.

Grégoire passa de la première cuisine, qui était le pandæmonium général, dans la seconde, qui était le laboratoire où se confectionnaient les plats que maître La Hurière, de son vivant, jugeait dignes d'être préparés par ses savantes mains.

— Le diable m'emporte, murmura Coconas, si cela ne me fait pas de la peine de voir cette maison si gaie quand elle devrait être si triste. Pauvre La Hurière, va !

— Il a voulu me tuer, dit La Mole, mais je lui pardonne de grand cœur.

La Mole avait à peine prononcé ces paroles qu'un homme apparut tenant à la main une casserole au fond de laquelle il faisait roussir des oignons qu'il tournait avec une cuiller de bois.

La Mole et Coconnas jetèrent un cri de surprise.

A ce cri l'homme releva la tête et, répondant par un cri pareil, laissa échapper sa casserole, ne conservant à la main que sa cuiller de bois.

— *In nomine Patris*, dit l'homme en agitant sa cuiller comme il eût fait d'un goupillon, *et Filii, et Spiritûs sancti...*

— Maître La Hurière! s'écrièrent les deux jeunes gens.

— Messieurs de Coconnas et de La Mole! dit la Hurière.

— Mais, vous n'êtes donc pas mort? fit Coconnas.

— Mais vous êtes donc vivant? demanda l'hôte.

— Je vous ai vu tomber, cependant, dit Coconnas ; j'ai entendu le bruit de la balle qui vous cassait quelque chose, je ne sais pas quoi. Je vous ai laissé couché dans le ruisseau rendant le sang par le nez, par la bouche et même par les yeux.

— Tout cela est vrai comme l'Évangile, monsieur de Coconnas. Mais, ce bruit que vous avez entendu, c'était celui de la balle frappant sur ma salade, sur laquelle, heureusement, elle s'est aplatie ; mais le coup n'en a pas été moins rude, et la preuve, ajouta La Hurière en levant son bonnet et montrant sa tête pelée comme un genou, c'est que, comme vous le voyez, il ne m'en est pas resté un cheveu.

Les deux jeunes gens éclatèrent de rire en voyant cette figure grotesque.

— Ah! ah! vous riez! dit La Hurière un peu rassuré, vous ne venez donc pas avec de mauvaises intentions?

— Et vous, maître La Hurière, vous êtes donc guéri de vos goûts belliqueux?

— Oui, ma foi oui, messieurs; et maintenant...

— Eh bien, maintenant...

— Maintenant, j'ai fait vœu de ne plus voir d'autre feu que celui de ma cuisine.

— Bravo ! dit Coconnas, voilà qui est prudent. Maintenant, ajouta le Piémontais, nous avons laissé dans vos écuries deux chevaux, et dans vos chambres deux valises.

— Ah, diable ! fit l'hôte en se grattant l'oreille.

— Eh bien ?

— Deux chevaux, vous dites ?

— Oui, dans l'écurie.

— Et deux valises ?

— Oui, dans la chambre.

— C'est que, voyez-vous... vous m'aviez cru mort, n'est-ce pas ?

— Certainement.

— Vous avouez que, puisque vous vous êtes trompé, je pouvais bien me tromper de mon côté.

— En nous croyant mort aussi! Vous étiez parfaitement libre.

— Ah ! voilà !... c'est que, comme vous mouriez intestat... continua maître La Hurière...

— Après?

— J'ai cru, j'ai eu tort, je le vois bien maintenant...

— Qu'avez-vous cru, voyons?

— J'ai cru que je pouvais hériter de vous.

— Ah, ah ! firent les deux jeunes gens.

— Je n'en suis pas moins on ne peut plus satisfait que vous soyez vivants, messieurs.

— De sorte que vous avez vendu nos chevaux? dit Coconnas.

— Hélas ! dit La Hurière.

— Et nos valises? continua La Mole.

— Oh, les valises! non... s'écria La Hurière, mais seulement ce qu'il y avait dedans.

— Dis donc, La Mole, reprit Coconnas, voilà, ce me semble, un hardi coquin... Si nous l'étripions?

Cette menace parut faire un grand effet sur maître La Hurière, qui hasarda ces paroles :

— Mais, messieurs, on peut s'arranger, ce me semble.

— Écoute, dit La Mole, c'est moi qui ai le plus à me plaindre de toi.

— Certainement, monsieur le comte, car je me rappelle que, dans un moment de folie, j'ai eu l'audace de vous menacer.

— Oui, d'une balle qui m'est passée à deux pouces au-dessus de la tête.

— Vous croyez?

— J'en suis sûr.

— Si vous en êtes sûr, monsieur de La Mole, dit La Hurière en ramassant sa casserole d'un air innocent, je suis trop votre serviteur pour vous démentir.

— Eh bien, dit La Mole, pour ma part, je ne te réclame rien.

— Comment, mon gentilhomme!...

— Si ce n'est...

— Aïe, aïe! fit La Hurière...

— Si ce n'est un dîner pour moi et mes amis, toutes les fois que je me trouverai dans ton quartier.

— Comment donc, s'écria La Hurière ravi, à vos ordres, mon gentilhomme, à vos ordres!

— Ainsi, c'est chose convenue?

— De grand cœur.... Et vous, monsieur de Coconnas, continua l'hôte, souscrivez-vous au marché?

— Oui; mais, comme mon ami, j'y mets une petite condition.

— Laquelle?

— C'est que vous rendrez à M. de La Mole les cinquante écus que je lui dois et que je vous ai confiés.

— A moi, monsieur! Et quand cela?

— Un quart d'heure avant que vous ne vendissiez mon cheval et ma valise.

La Hurière fit un signe d'intelligence.

— Ah, je comprends! dit-il.

Et il s'avança vers une armoire, en tira, l'un après l'autre, cinquante écus, qu'il apporta à La Mole.

— Bien, monsieur, dit le gentilhomme,

bien! servez-nous une omelette. Les cinquante écus seront pour M. Grégoire.

— Oh! s'écria La Hurière; en vérité, mes gentilshommes, vous êtes des cœurs de princes, et vous pouvez compter sur moi à la vie et à la mort.

— En ce cas, dit Coconnas, faites-nous l'omelette demandée, et n'y épargnez ni le beurre ni le lard.

Puis se retournant vers la pendule :

— Ma foi, tu as raison, La Mole, dit-il. Nous avons encore trois heures à attendre, autant donc les passer ici qu'ailleurs. D'autant plus que, si je ne me trompe, nous sommes ici presqu'à moitié chemin du pont Saint-Michel.

Et les deux jeunes gens allèrent reprendre à table et dans la petite pièce du fond la même place qu'ils occupaient pendant cette fameuse soirée du 24 août 1572, pendant laquelle Coconnas avait proposé à La Mole de jouer l'un contre l'autre la première maîtresse qu'ils auraient.

Avouons en l'honneur de la moralité des deux jeunes gens que ni l'un ni l'autre n'eut l'idée de faire à son compagnon ce soir-là pareille proposition.

FIN DU DEUXIÈME VOLUME.

TABLE DES CHAPITRES.

Chap. Ier. Mort, messe ou Bastille ... 1
 II. L'aubépine du cimetière des Innocents........... 47
 III. Les confidences 85
 IV. Comment il y a des clefs qui ouvrent les portes auxquelles elles ne sont pas destinées. . 111
 V. Seconde nuit de noces 147
 VI. Ce que femme veut Dieu le veut............. 175
 VII. Le corps d'un ennemi mort sent toujours bon...... 211
 VIII. Le confrère de maître Ambroise Paré 263
 IX. Les revenants 289

www.ingramcontent.com/pod-product-compliance
Lightning Source LLC
Chambersburg PA
CBHW060400170426
43199CB00013B/1945